Nous aurions bien les appeler des « pirates », ça sonnait romanesque. Mais elles évoluent dans la légalité, justement. Jouant avec les règles du jeu, pour les interpréter autrement. Aux limites, dans les marges, sous les radars, à bas bruit. Ces patronnes-là renversent la table, dans un monde au bord d'une faille, et déjà en reconstruction. Après des études à Harvard, Petro Terblanche a réuni une équipe de pointe en Afrique du Sud, au milieu des bidonvilles du Cap, pour trouver la recette de l'ARN messager et fabriquer à l'avenir, sans brevet, les vaccins contre les épidémies dans les pays les plus démunis. La réplique n'a pas tardé. À Lagos, au Nigeria, sur les plateaux de tournage de Nollywood, actrices et productrices s'imposent, mais peinent encore à déboulonner les codes machistes du passé. Certaines s'y aventurent. Ce chemin aussi est pavé de difficultés. Mais faut-il prendre le pouvoir pour changer le monde ? Les zapatistes prônaient un autre niveau d'action, international et local à la fois. Leur soulèvement armé au Mexique va avoir 30 ans. Il a nourri ici le mouvement altermondialiste, puis zadiste, mais aussi des lectrices et lecteurs. Comme ce paysan béarnais, retourné, des années après un premier voyage, aux portes du Chiapas, où il a retrouvé son ami maya. Que sont leurs promesses de vingtenaires devenues ? Ont-ils mené à bien leur révolution personnelle ? Un périple épique pour se replonger dans le passé et mieux se projeter. Bonne lecture.

Elsa Fayner, rédactrice en chef

Illustration Loocaone

Sommaire

6 — COURRIER DES LECTEURS
8 — COURRIER DES CONTRIBUTEURS
14 — SUR LA ROUTE
16 — TRAVAIL AU CORPS

10
LES MINIATURES
QUATRE PORTRAITS INSTANTANÉS À GRIGNOTER.

18
Plantes à billets
AVEC SES FEUILLES NOIRES, ELLE ÉTAIT ANNONCÉE COMME LA STAR DE L'ANNÉE. POURTANT, ELLE S'EST PLANTÉE. SIMPLE FLOP OU RETOURNEMENT DU MARCHÉ ?

36
EN COUVERTURE
Le labo de Bonne-Espérance
ILS L'ONT FAIT : RECONSTITUER LA RECETTE DE L'ARN MESSAGER POUR FABRIQUER DES VACCINS À BAS COÛT. À LA TÊTE DE CETTE CROISADE, PETRO TERBLANCHE.

54
Et Nollywood créa la femme puissante
ÇA Y EST, ACTRICES ET PRODUCTRICES SE FONT UNE PLACE DANS L'INDUSTRIE DU CINÉMA NIGÉRIANE. MAIS LES CLICHÉS ONT LA VIE DURE.

72
PORTFOLIO
Revoir dehors
PARCOURS DE COMBATTANTES SORTANT DE PRISON.

Page 18

Page 36

90
Semis liberté
NI TOUT À FAIT INCARCÉRÉES, NI TOUT À FAIT LIBRES, LES FEMMES DE BAUDONNE RÉAPPRENNENT LA VIE SOCIALE, LA BÊCHE À LA MAIN.

98
Au nom de la mère
ABANDONNER SON PATRONYME POUR RESTER DU CÔTÉ DE LA VIE.

110
LA VOIX EST LIBRE
« Sa thérapie, c'était le kebab »
SAUCE BLANCHE OU ALGÉRIENNE ? PEU IMPORTE. POUR OLGUN ET SA FAMILLE, CE QUI COMPTE C'EST LA VIANDE.

118
Cahier d'un retour au pays maya
À LA RECHERCHE DE SES RÊVES DE VINGTENAIRE, UN PAYSAN BÉARNAIS S'ENVOLE POUR LE YUCATAN.

138
BANDE DESSINÉE
La guerre des puces aura bien lieu
LA FRANCE VOUDRAIT RELOCALISER LA PRODUCTION DE MICROPROCESSEURS. MAIS EN A-T-ELLE LES MOYENS ?

162
RENCONTRE
« Nous avons toujours plus de deux oreilles »
PETER SZENDY NOUS INVITE À REPRENDRE LE CONTRÔLE DE NOTRE OUÏE.

174 — **CONTRIBUTEURS**
176 — **HORS-D'ŒUVRE**
178 — **VIEILLES BRANCHES**

Page 98

Page 118

XXI

157, boulevard Macdonald, 75019 Paris
01 87 58 00 30 – contact@4revues.fr
www.revue21.fr

Directeur de la publication
et de la rédaction :
David Servenay

Rédactrice en chef :
Elsa Fayner

Rédactrice en chef adjointe :
Catherine de Coppet

Rédacteurs :
Ramsès Kefi, Rémi Bayol, Léone Laali

Directeur artistique :
Quintin Leeds

Graphiste :
Éléonore Nicolas

Directrice de la photo :
Martina Bacigalupo

Cheffe d'édition :
Élodie Ratsimbazafy

Correctrice :
Éléonore Siboni

Illustration de couverture :
Nicolas Galkowski

Cartographie :
Alexandre Nicolas

Photogravure :
Apex Graphic

Marketing :
Anaïs Benguigui

Communication numérique :
Sonia Reveyaz

Secrétaire général :
Jean-Philippe Salmon

Responsable administrative :
Murielle Canta

Coordination commerciale :
Marie Le Flahec

Service des abonnements :
XXI / TBS, 6 rue d'Ouessant, CS 38272,
35768 Saint-Grégoire cedex
01 76 44 02 42 – abo@revue21.fr
Formulaire téléchargeable sur www.revue21.fr
Édité par Quatre SAS, siège social :
157, boulevard Macdonald 75019 Paris
Président : David Servenay
Directeur général : Sylvain Ricard
Actionnaires : F&S, Sylvain Ricard, Franck Bourgeron, les éditions du Seuil, Pierre-Yves Frelaux, Amélie Mougey, Pierre Raiman
Impression et façonnage :
Imprimerie Pollina – ZI de Chasnais –
85407 Luçon Cedex France
PEFC 10-31-2065
Papier 100 % PEFC.
Provenance : Kostrzyn (Pologne)
Taux de fibres recyclées : 0 %
Impact sur l'eau : Ptot 0,02 kg/t
Commission paritaire : 0720 D 89299
ISSN 1960-8853 – ISBN 978-2-35638-175-0
Dépôt légal : novembre 2023

COURRIER DES LECTEURS

RUBRIQUE COORDONNÉE PAR RÉMI BAYOL

Ces récits et nouvelles rubriques vous ont fait réagir.

Bravo à toute votre équipe pour le n° 61. On voyage d'un mafieux à un lanceur d'alerte, de la République démocratique du Congo au Creusot, d'une mine du Grand Nord canadien à un hôpital du continent.
Un minuscule détail : dans la recette de cuisine de Marguerite Abouet de la rubrique « Hors-d'œuvre », je ne sais pas où trouver l'attiéké. Dans une épicerie exotique ? Sinon, où peut-on le commander ? Cela mériterait une petite précision. ALAIN F.

XXI On trouve des boules d'attiéké précuit dans les épiceries exotiques, dans des sachets de cellophane qui se gardent quelques semaines au réfrigérateur. Vous pouvez également en acheter en grandes surfaces sous forme de couscous de manioc sec, à faire gonfler dans de l'eau chaude comme le couscous classique.

Je regrette la disparition de la rubrique « Objectif Terre » dans la revue. Je pense en effet que l'altération des conditions permettant la vie, telle qu'elle existe actuellement sur notre planète (et pas seulement dans les mers, comme le dit Daniel Pauly dans le grand entretien du n° 61) est le grand sujet de notre temps. Cette rubrique permettait de se le remettre en mémoire chaque trimestre. FRÉDÉRIC STACHURSKI

XXI Nous avons fait le choix de ne plus cantonner l'environnement à une rubrique. Sa dégradation est un enjeu qui traverse toutes les rubriques, tous les sujets, jusqu'à nos manières de travailler. Nous essayons de l'intégrer dans toutes nos réflexions. Nous espérons que les reportages sur le business des plantes d'intérieur, ou encore le grand entretien sur le bruit des villes vous parleront.

J'ai découvert avec grand intérêt les photos de ce cheval qui soulage les patients en soins palliatifs. Peyo est un animal hors pair, il ressent et donne tant d'amour et de sagesse à chacun des malades… Je suis passée par là après six jours de coma. Un grand merci et un grand respect pour toi, Niama, ma petite jument qui m'a sortie de là. MALIKA FAHIM

Vous avez découvert la collection de livres XXI bis.

Le texte sur l'invasion de moustiques à Montauban, *Mais qui a piqué Valérie?*, est hilarant. En même temps très sérieux, avec le scientifique qui conclut sur le paludisme. Je me suis pliée de rire parce que l'auteur met bien en parallèle les initiatives privées et non professionnelles pour contrer la nuée et les mesures administratives contradictoires et peu efficaces. Le néolibéralisme passe par-dessus les désirs et les besoins des citoyens, et l'administration essaie maladroitement de réparer les dégâts. Belle démonstration, que les écoliers devraient lire. **BÉATRICE D.**

J'ai lu le livre sur les expériences de mort imminente, *C'est pas la mort*. Cette recherche est difficile, comme l'évoque le journaliste-écrivain, et les témoignages ne sont pas si nombreux que ça, même si les progrès des techniques de réanimation les multiplient. Sacrée ironie de l'histoire d'ailleurs… Pendant ma lecture, je me demandais, «*mais où est l'inconscient, là-dedans?*» Dans les dernières pages, Patrice Van Eersel évoque, lui, «*l'inconscient collectif*» dans des phénomènes d'expériences de mort imminente bien particulières. Ça m'a fait réfléchir. **PHILIPPE PONCE**

Vous avez été nombreux à écouter «Le candidat, manuel de survie en campagne», notre podcast disponible sur toutes les plates-formes.

Dans votre podcast, le candidat Alexandre Beneteau se présente comme un pur, descendant dans l'arène et découvrant les coups bas de la politique. Mais entre deux ricanements insupportables, il prépare des chausse-trappes. Aucune éthique, aucune vision politique au sens noble du terme. Sa candidature relève de la pure stratégie. Comment expliquer la complaisance indécente des journalistes de *XXI* qui le laissent étaler sa pure ambition sans jamais lui parler de son programme? **PROVENCE3096**

XXI L'intention dans ce documentaire n'est pas de donner la parole à Alexandre Beneteau sur son programme, mais de dévoiler la mécanique politique à l'œuvre chez un candidat, en l'occurrence inexpérimenté. La voix off rappelle que nous sommes bien dans un dispositif de captation du réel, et non dans un son de propagande. Il est rare à notre époque d'avoir accès à ce qui se joue dans l'arène politique, au quotidien, entre les protagonistes qui s'y affrontent. C'est ce qui nous a intéressés dans ce travail.

«Le candidat», quel suspense! À un moment, on se demande si on suit réellement encore un candidat à une petite élection locale, ou si on n'est pas entré dans la fiction… Difficile de savoir si Alexandre est un grand naïf, ou s'il se fait des films. Chacun peut, je crois, se projeter sur lui. Et du coup, quel personnage! **BIENVIVANTE**

Qui a dit que le journalisme et le papier étaient morts? Voici une vraie réflexion et une vraie trouvaille de la part de toute une rédaction permettant de moderniser la façon d'aborder et de recevoir un reportage. C'est vivant, incarné, intelligent et toujours tout aussi sérieux et professionnel que la version papier. Une magnifique complémentarité, bravo! **ORNITHO33**

Retrouvez tous nos podcasts sur notre site internet.

COURRIER DES CONTRIBUTEURS

POUR LES 15 ANS DE LA REVUE, CELLES ET CEUX QUI LA FONT RACONTENT LEURS SOUVENIRS.

Jörg Mailliet, illustrateur

N° 47 Je me souviens d'une anecdote au cours d'un reportage en bande dessinée pour *XXI*, sur la mafia du sable en Inde, avec William de Tamaris. Nous nous étions rendus sur la rivière Ken, dans la région du Bundelkund. Là-bas, nous étions parvenus à rouler jusqu'à une mine tenue par un gang violent. À peine étions-nous arrivés, qu'une vingtaine d'hommes armés et menaçants déboulent en jeep et nous entourent. C'est là qu'intervient notre traducteur (et acteur dans la vie, mais pas son homonyme ultraconnu), Varun Kapoor. En quatre ou cinq échanges avec leur chef, il réussit à faire partir tout le monde dans un fou rire. Je n'ai jamais su ce qui avait fait basculer la situation, mais le fait est que mon collègue journaliste a pu poser ses questions et j'ai pu faire mes dessins. Les types ont même insisté pour nous offrir un thé, que nous avons avalé… sans traîner.

RUBRIQUE COORDONNÉE PAR RÉMI BAYOL

Olivier Kugler, illustrateur

N° 51 En 2020, mon collaborateur Andrew Humphreys et moi-même avons écrit une bande dessinée pour *XXI* intitulée *Le fish and chips n'a plus la frite*. C'était à propos du déclin des restaurants de *fish & chips* britanniques, une tradition pourtant aussi profondément enracinée que la boulangerie en France. Nous avions suivi Benny Stylianou, le propriétaire d'un *fish & chips*, dans les derniers jours avant sa fermeture définitive. Il nous avait expliqué que faire tourner un «*chippie*» était difficile : il fallait se lever tôt et faire de longues journées de travail. Le quartier était en train de se gentrifier et beaucoup de jeunes qui s'installaient souhaitaient manger une nourriture saine. Pas des pommes de terre avec du poisson frit. À l'époque, on avait demandé à Benny ce qu'il comptait faire par la suite. Il nous avait répondu qu'il avait toujours voulu être acteur.

Deux ans plus tard, Andrew regardait un épisode de la série *The Crown*, sur Netflix [une série historique sur la vie d'Elizabeth II, ndlr]. Et Benny était dedans ! Il jouait le rôle d'un prêteur sur gages qui achète des diamants à une nonne. Quel changement de carrière ! Quelque temps après, nous avons essayé de reprendre contact avec Benny avant d'apprendre qu'il venait de mourir. Il a au moins pu vivre son rêve, même brièvement.

Jérôme Fritel, journaliste

N° 50 J'ai collaboré avec *XXI* pour un reportage sur la financiarisation de l'eau en Australie. En janvier 2019, nous nous sommes rendus dans une exploitation agricole familiale en Nouvelle-Galles du Sud.

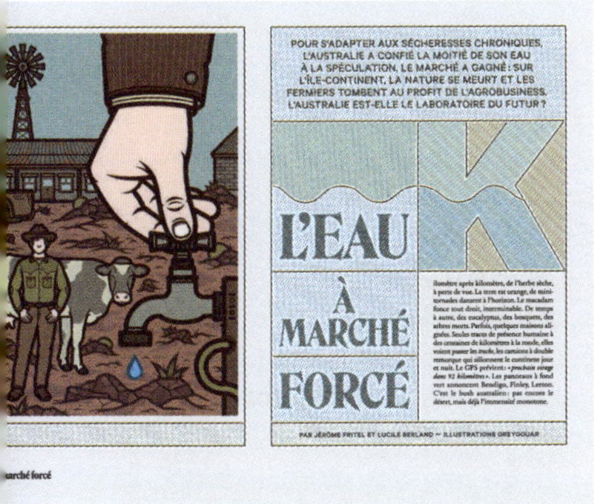
POUR S'ADAPTER AUX SÉCHERESSES CHRONIQUES, L'AUSTRALIE A CONFIÉ LA MOITIÉ DE SON EAU À LA SPÉCULATION. LE MARCHÉ A GAGNÉ : SUR L'ÎLE-CONTINENT, LA NATURE SE MEURT ET LES FERMIERS TOMBENT AU PROFIT DE L'AGROBUSINESS. L'AUSTRALIE EST-ELLE LE LABORATOIRE DU FUTUR ?

L'EAU À MARCHÉ FORCÉ

Kilomètre après kilomètre, de l'herbe sèche, à perte de vue. La terre est orange, de mini-tornades dansent à l'horizon. Le macadam fonce tout droit, interminable. De temps à autre, des eucalyptus, des bosquets, des arbres morts. Parfois, quelques maisons alignées. Seules traces de présence humaine à des centaines de kilomètres à la ronde, elles voient passer les *trucks*, les camions à double remorque qui sillonnent le continent jour et nuit. Le GPS prévient : *« prochain virage dans 92 kilomètres »*. Les panneaux à fond vert annoncent Bendigo, Finley, Leeton. C'est le bush australien : pas encore le désert, mais déjà l'immensité monotone.

PAR JÉRÔME FRITEL ET LUCILE BERLAND ~ ILLUSTRATIONS GREYGOUAR

arché forcé

Elle était en train d'être vendue aux enchères, sous nos yeux et ceux de ses propriétaires, un couple de fermiers sexagénaires. Les voisins étaient venus par centaines. Certains pour les soutenir, d'autres pour chasser les bonnes affaires. Un animateur au chapeau de cow-boy scandait les ventes comme s'il animait un mariage. Tout y passait : tracteurs, motos, quads, citernes, rouleaux de barbelés.

David Owen et son épouse – je crois qu'elle s'appelait Connie – étaient acculés à la faillite parce qu'ils ne pouvaient plus payer l'eau pour faire pousser le fourrage qui alimentait le bétail. Au fil des vagues de sécheresse, le prix de l'eau fixé par des acteurs privés s'est envolé dans cette région, en première ligne du dérèglement climatique. Et de plus en plus de fermiers étaient contraints d'abandonner leur exploitation. Une spirale folle que personne ne semble en mesure – ou simplement désireux – d'arrêter. Au-delà de son aspect émotionnel très fort, cette scène résumait toutes ces problématiques, et je me suis demandé si j'étais plongé dans un film d'anticipation ou confronté à une nouvelle réalité qui allait bientôt contaminer le reste de la planète.

Sophia Marchesin, journaliste

N° 48 En 2019, j'ai écrit pour la revue *XXI* un article auquel je pense encore souvent, sur la peine de mort au Japon. La rédaction avait été particulièrement éprouvante. J'avais rencontré deux personnes condamnées à tort à la peine capitale, qui avaient été miraculeusement libérées après des dizaines d'années d'isolement. Le plus troublant avait été d'écouter leurs proches, surtout des femmes – compagnes ou sœurs –, à la fois combattantes et ostracisées. Je pense aussi à Mme Takahashi, dont le mari nonagénaire était encore derrière les barreaux. Submergée par la douleur, elle ressentait des signes de folie : elle ne parlait plus qu'aux chats et aux oiseaux. Après ces longs mois d'enquête, je suis rentrée en France où j'ai décidé de devenir auxiliaire de vie. Je faisais le ménage dans mon Gers natal pour tenir compagnie à des femmes âgées. J'avais besoin de me sentir utile différemment, auprès des vivants, par des gestes concrets, qui aident et apaisent au quotidien. C'est seulement par la suite, et petit à petit, que j'ai repris goût au reportage.

Olivier Dangla, illustrateur

N° 39 Je ne pars jamais en voyage sans mes aquarelles, mes crayons, mes carnets, mes pinceaux et… mon *XXI*. À l'été 2017, au bout du bout de l'île de Ré, je passe de longues heures à tenter d'arrimer au papier le joli sourire de Joseph-Antoine Bell, le meilleur gardien de but africain que le football ait connu, pour illustrer un entretien réalisé par Mathieu Palain. C'est le moment précis des couleurs. Et là, panique : le très réputé papier aquarelle Saunders Waterford de 640 g se comporte comme un vulgaire buvard : les couleurs se dispersent. Cela ne m'était jamais arrivé. J'étais tout à coup comme perdu au milieu de l'océan Atlantique.
Fini le pont qui relie l'île au continent, La Rochelle semblait hors d'atteinte. Tout était dilué, et Joseph-Antoine Bell me souriait. J'ai alors rencontré un autre sourire, celui d'Olivier Suire, peintre rochelais exilé au lieu-dit La Rivière. Il m'a reçu si gentiment. Je lui ai parlé de mes fuites et de ma quête : je cherchais la fameuse « gomme arabique » – un liant qui, mélangé à l'eau, permet d'agglomérer tous les pigments. Il n'en avait pas, mais il m'a offert ses conseils magiques d'îlien, pour m'aider enfin à fixer les teintes.
J'ai trouvé un émulsifiant dans la supérette au bord des salines et j'ai repris mon travail de couleur, sous le soleil.

AVANT DE SAVOURER LES GRANDS RÉCITS, QUELQUES CHRONIQUES DE LA VIE ORDINAIRE À GRIGNOTER.

Les rennes des neiges

QUE DEVIENT LA LANGUE À L'ÉPREUVE DU RÉCHAUFFEMENT CLIMATIQUE ? LES SAMIS EN FONT L'EXPÉRIENCE, EUX QUI ONT 318 MOTS POUR DÉSIGNER LA NEIGE, EN FONCTION DE SA CONSISTANCE ET DE LA SAISON.

O*ppas*. C'est le terme qu'utilisent les éleveurs de rennes samis, l'un des derniers peuples autochtones d'Europe, pour désigner la neige fraîche dont les rennes ont besoin l'hiver. Leur langue, parlée dans le nord de la Scandinavie et de la péninsule de Kola, en Russie, dépeint avec une grande précision leur environnement nival. Pas moins de 318 mots y sont consacrés, a répertorié la chercheuse Inger Marie Gaup Eira, à Guovdageaidnu, dans le nord de la Norvège : « *La langue sami est encore plus riche que les langues inuites qui, depuis la fin des années 1800, sont considérées par les linguistes comme celles qui comportent le plus de mots "neige" de toutes les langues* », écrit-elle dans une thèse consacrée en 2012 à ce seul élément, *The Silent Language of Snow.*

Pour un éleveur sami, distinguer quel type de neige est favorable ou non à son troupeau est en effet un besoin vital. En un coup d'œil, il doit pouvoir déterminer s'il s'agit de *seaŋáš*, une neige plutôt sèche, présente à la surface, idéale pour la pâture des bêtes en hiver, de *činus*, plus solide, ou bien de *skáva*, qui contient des cristaux de glace et se forme au début du printemps.

Impossibles prévisions

Certes, la majorité des Samis ont aujourd'hui un pied dans la modernité et consultent régulièrement les prévisions météo mais, pendant des milliers d'années, ils n'ont compté que sur la richesse de leurs concepts linguistiques pour mener leurs troupeaux.

Problème : les signaux de l'environnement sur lesquels ces nomades ont orchestré leur vie ont changé si brusquement avec le dérèglement climatique que les éleveurs déclarent « *ne plus se reconnaître* » dans ce nouveau décor, alerte la chercheuse Gitte du Plessis dans son article « Invisibility, Colors, Snow: Arctic Biosemiotics and the Violence

ILLUSTRATION JACQUES FLORET

of Climate Change » publié en 2021. S'orienter et prédire le temps est devenu quasiment impossible. Les rivières gèlent plus tardivement en automne et fondent plus tôt au printemps, le cycle devient aléatoire, et de jeunes rennes finissent emportés par les courants des rivières qu'ils traversent. Les hivers sont de plus en plus pluvieux et, à mesure que l'air refroidit, une couche de glace se forme au-dessus du couvert végétal, privant les rennes du précieux lichen dont leur survie dépend.

Les rivières gèlent plus tardivement en automne et fondent plus tôt au printemps.

Alors la langue s'adapte. *« "Jiekŋasievlla" correspond désormais à la couche de glace la plus éloignée du sol, et "jiekŋageardni" ou "jiŋodat" à celles les plus proches et les plus difficiles à briser »*, a ainsi constaté Ánde Somby, professeur à l'université de Tromsø, spécialiste des droits des peuples autochtones et chanteur de yoik, chant traditionnel sami. Qu'en sera-t-il dans dix, vingt, trente ans ? Des scientifiques ont démontré en juin 2023 que l'Arctique pourrait être privé de banquise en été dès les années 2030 – environ une décennie plus tôt que les projections du GIEC. Les peuples autochtones du Nord sont en première ligne. Alors, si leur langue, vivante, se meut avec les paysages, les Samis, dont l'identité s'est tissée au fil des siècles à partir de ces terres recouvertes de neige et de glace, parviendront-ils à survivre sans elles ? **LÉA DANG**

L'art et la bascule

POUR ACCÉLÉRER LA PRISE DE CONSCIENCE SUR L'URGENCE CLIMATIQUE, MAXIME OLLIVIER A CHOISI « L'ARTIVISME ». ENTRE PARCOURS PERSONNEL ET ENGAGEMENT COLLECTIF.

Il s'était promis qu'on ne l'y reprendrait plus : retourner à Sciences Po. Pourtant, c'est là que Maxime Ollivier a fait sa rentrée. Avec sa silhouette de danseur, sa marinière de (vrai) Breton et un manifeste écosocialiste dans son sac, « Max » détonne ; autour, ça parle géopolitique. Le bifurqueur, 27 ans et une gueule d'ange sous ses lunettes, se sent *« en décalage »*, son *« urgence est ailleurs »*. Il y a tout juste trois ans, il sortait diplômé de la même école, à Toulouse, avec le goût amer d'avoir été formé par et pour un modèle obsolète. Le déclic s'est fait en deux temps : un voyage en Malaisie où il a découvert la déforestation, puis la démission de Nicolas Hulot, ministre de la Transition écologique, qui a fini de doucher sa foi en la politique. Le voilà lancé dans l'activisme climatique. Il cofonde en 2022 Le Bruit qui court, un collectif d'*« artivistes »* – contraction des mots « art » et « activiste », un concept développé en Allemagne et en Russie dans les années 1920 – , avec un credo : la bascule du système doit passer par l'expérience du sensible. Le collectif déploie dans l'espace public un art vivant engagé et mobilisateur. Au noyau dur, une trentaine de jeunes, se greffe rapidement une communauté de 300 personnes mobilisables à tout moment.

Cette année à Sciences Po à Paris, Max suit un master unique au monde, monté par le sociologue Bruno Latour, qui fait travailler artistes et chercheurs pour mener à des décisions politiques transformatrices. *« J'ai besoin d'avancer idéologiquement. C'est aussi une manière de me rapprocher de cette intelligentsia parisienne dont je ne fais pas partie, et de me sentir légitime quand je suis invité dans des conférences au nom de mon artivisme. »*

ADN militant

Sa place dans la société, le volubile jeune homme veut malgré tout l'inventer au sein du Bruit qui court. L'équilibre est fragile et demande une vigilance permanente à Max et ses amis, approchés par la RATP ou L'Oréal. *« Nous sommes sollicités pour notre ADN militant, nos compétences créatives, nos capacités de mobilisation, mais on n'ira pas là où on n'a pas envie d'aller ! »* Pour sortir de la précarité, le collectif n'hésite pas à organiser des événements artistiques militants… payants. *« Quand 150 artivistes donnent gratuitement de leur temps, est-ce qu'on ne rejoue pas le système ? À nous d'inventer les solutions ! »* Il espère en trouver à l'école, mais pas seulement : lui qui danse depuis ses 5 ans a repris le chemin des studios pour se perfectionner. Chercher l'équilibre, là encore.
LUCIE BOUDAUD

Pieds et poings

À ÉTOUVIE, QUARTIER POPULAIRE D'AMIENS, MOHAMMED OUDJI CONTEMPLE AVEC NOSTALGIE LES RUINES DE SA SALLE DE BOXE, BRÛLÉE L'ÉTÉ DERNIER PENDANT LES ÉMEUTES.

ILLUSTRATION JACQUES FLORET

D'un coup de menton, Mohammed Oudji indique un arbre et une pelouse vert pomme. Et si on s'asseyait là ? Juste en face de son chef-d'œuvre, parti en fumée une nuit d'été. Le 29 juin, le quinqua au visage ovale reçoit un coup de fil. La salle de boxe amiénoise, qui abrite son club, a cramé. La France est alors en pleine suée : des révoltes éclatent après la mort de Nahel, abattu par un policier à Nanterre (Hauts-de-Seine). Le quartier populaire d'Étouvie, dans la cité picarde, n'y échappe pas.

Mohammed Oudji conserve la vidéo de ce malheur, récupérée sur les réseaux sociaux. Des silhouettes, dans l'obscurité, s'approchent et se hèlent. Soupir : « *Ils se filment, tu penses bien.* » Hormis deux barreaux de chaise, les flammes n'ont rien épargné. La famille Oudji est pourtant connue dans le coin, où la fratrie de boxeurs a poussé et brillé. Mokhtar fut un combattant respecté, et Bouziane a remporté une ceinture européenne en boxe anglaise. Mohammed, lui, a pris à 18 ans la direction bénévole de l'ASCB – Amiens Sporting Club de boxe – où il entraîne encore.

À Étouvie, des rumeurs racontent que des petits des villages alentour, et même des Parisiens, seraient dans le coup. Qu'un challenge entre quartiers sur Snapchat – qui irait le plus loin ? – a dopé la violence. Le récit de cette nuit a ruisselé jusqu'à l'Élysée. Emmanuel Macron, originaire de la ville, a envoyé un courrier au club pour le soutenir.

La fabrique des champions

L'ASCB, qui jouxte un jardin partagé et une école, est une institution. Il a fabriqué des champions de France, mais pas que. Jambes croisées et mains dansantes, son fondateur lance des prénoms, des dates et des contes de fées à la queue leu leu. Untel est devenu médecin, un autre a réussi un doctorat. Sa voix se durcit une fraction de seconde : « *La boxe n'est qu'un prétexte pour pousser des jeunes à sortir du quartier par le haut.* » Avant de reprendre son timbre doux : « *On a attiré des gens du centre-ville qui, autrement, ne viendraient pas ici. Ce mélange de filles et de garçons issus de milieux différents est précieux. Les lieux où il était possible disparaissent tous.* »

Mohammed Oudji est né à Oran, en 1965. À 7 ans, il quitte

l'Algérie pour rejoindre son père en France, qui vit dans un foyer de jeunes travailleurs. Du pays, le garçon a une image mythifiée: *« Des pigeons et des oiseaux partout, qui se posent sur les gens. »* Quand il descend de l'avion, ses mirettes scrutent l'aéroport à la recherche de son fantasme. En vain. Amiens, où il emménage, ne connaît pas encore les grands plans sociaux et les luttes sociales de son histoire récente. Étouvie est alors l'archétype de la cité-village: le gris des bâtiments est compensé par la verdure alentour.

> « Tout mon projet avec cette salle de boxe est de recréer l'ambiance des années 1980. »

Ce fils d'ouvrier, ex-dirigeant d'usine et désormais également propriétaire d'une salle de fitness, assume sa nostalgie carabinée: *« Tout mon projet avec cette salle de boxe est de recréer l'ambiance des années 1980, celle de ma jeunesse. Nous étions si heureux. »* Il regrette son immeuble d'antan: des classes sociales entremêlées, des questions identitaires à la marge et des aînés respectés comme des saints. Aujourd'hui, à Étouvie, les couches de misère sociale s'empilent et les faits divers s'accumulent. Lui a déménagé dans un village voisin.

Au début de l'été, il avait pressenti le malheur. Il avait même écrit un SMS à la maire de la ville pour partager son inquiétude. Des ados rôdaient tout près de sa salle, picolaient, se shootaient aux ballons et perturbaient les entraînements. Soupir, encore: *« On ne va pas refaire l'histoire. »* D'autant que la salle sera reconstruite. La mairie a déjà racheté du matériel. Alors, sous son arbre, Mohammed revient à sa première passion, les pigeons. **RAMSÈS KEFI**

La quête au carré

PENDANT DIX ANS, EMANUELE ARIOLI A RECONSTITUÉ PIÈCE À PIÈCE L'HISTOIRE DE SÉGURANT, PERSONNAGE MÉCONNU DE LA LÉGENDE DU ROI ARTHUR.

Emanuele Arioli décrit presque un coup de foudre. Un jour de 2010, à la bibliothèque de l'Arsenal à Paris, le médiéviste tombe sur un manuscrit du XIIe siècle contant la vie de Ségurant. D'emblée, il est aimanté par le récit. Celui d'un chevalier qui poursuit un dragon imaginaire après que Morgane et Sybille, deux fées, l'ont ensorcelé. Seul un antidote, *« un graal »*, peut le délivrer de ses visions. Mais *« le texte s'interrompt net »*. Comme un pont cassé. C'est assez courant, pour des romans de cette période: ils n'ont pas résisté aux siècles, aux voyages et aux persécutions des religieux. Et puis leur construction est particulière: la suite d'un manuscrit est parfois glissée dans un autre, comme une littérature en puzzle.

Comme un détective

L'imagination d'Emanuele Arioli est chatouillée. Ségurant, décrit comme le plus fort et le plus brave de son époque, est un personnage méconnu de la légende du roi Arthur et des chevaliers de la Table ronde. *« J'ai découvert que j'étais tombé sur un texte inédit »*, s'enflamme le jeune maître de conférences franco-italien, de l'Université polytechnique Hauts-de-France. C'est le début d'une quête qui durera dix ans et d'une longue plongée dans l'univers des chevaliers, qui le passionne depuis enfant. Les travaux d'Emanuele Arioli, également acteur et scénariste, ont donné naissance à un livre (*Ségurant, le chevalier au dragon*, éd. Les Belles Lettres, octobre 2023) et bientôt un film documentaire*, où il joue son propre rôle.

Pour reconstituer toute l'histoire, Emanuele Arioli a arpenté les bibliothèques européennes et américaines, *« comme un véritable détective »*. Une enquête de fourmi. Au Moyen Âge, les romans, si prisés des élites, n'ont pas de titres précis, ni même d'auteurs identifiés. Ce sont des copieurs anonymes qui couchent sur le papier des légendes orales comme celle de Ségurant.

L'archiviste-paléographe – sa spécialité officielle – a réuni finalement 28 fragments, difficiles à authentifier, dater et éditer. D'autant que les aventures du chevalier ont continué d'être racontées par écrit jusqu'au XVe siècle, mais différemment. D'une génération à l'autre, les copieurs ont pris quelques libertés. *« Ce qui donne lieu à des fins divergentes et des épisodes pas totalement élucidés »*, souffle le chercheur. Et laisse le privilège au lecteur de façonner un héros à sa guise. **R. K.**

* *Le chevalier au dragon, Le roman disparu de la Table ronde*, de Marie Thiry et Emanuele Arioli, produit par ZED pour Arte et Histoire TV.

SUR LA ROUTE

À qui profite le chemin ?

TOUS LES TROIS MOIS, *XXI* SUIT UN TRAJET QUI EN DIT LONG SUR LE TERRITOIRE QU'IL TRAVERSE. LE GR65, PRINCIPAL CHEMIN DE COMPOSTELLE, VOIT AINSI FLEURIR LES VARIANTES SAUVAGES.

L'air est déjà étouffant quand Brigitte et Francis Houlier quittent Le Puy-en-Velay ce matin de juin. Objectif Cahors, dans dix-sept jours. C'est la première portion du GR65, le plus populaire des chemins de Saint-Jacques-de-Compostelle avec ses 20000 randonneurs entre mai et octobre chaque année, selon l'agence française dédiée aux routes de l'apôtre, l'AFCC (Agence française des chemins de Compostelle). Les deux retraités ont à peine le temps de s'échauffer qu'un homme surgit du bas-côté, qui leur enjoint de suivre une autre voie, « *l'historique* », par le village de Bains. « *Elle est plus courte* », ajoute-t-il, avant de disparaître. Le long du trajet, les panneaux invitant les marcheurs à dévier de leur itinéraire sont légion. Les guides qui, comme Alain, s'engagent sur le terrain, sont plus rares. Mais ils sèment le doute sur ces routes où habituellement tout est prévu – gîtes, épiceries, pharmacies… Sur les groupes Facebook de « *pèlerins* », des lanceurs d'alerte mettent donc en garde contre « *le grand monsieur à éviter* », dont le circuit alternatif mal signalisé peut égarer. Contacté, Alain refuse d'en dire plus.

L'homme n'est pourtant pas le seul à revendiquer une variante historique sur ce début de GR. « *On trouve des actes de décès de pèlerins enterrés sur le cimetière communal dans nos archives paroissiales, et des formes de coquilles ont été taillées dans les pierres de l'église !* », s'exalte Babeth Selier, adjointe au maire du Malzieu-Ville, à quelques kilomètres de là. Autant de preuves que des « jacquets » y ont fait étape.

Elle aussi a créé un itinéraire bis. L'affaire est devenue politique quand, avec son association Les Chemins oubliés de Saint-Jacques, l'élue a demandé au comité local de la Fédération française de la randonnée pédestre (FFRP) de le baliser. Le maire de Saint-Alban-sur-Limagnole, situé sur la route officielle, a vu rouge – et blanc. Il faut dire que son village de 1 300 habitants compte un Spar et pas moins de douze gîtes, que font vivre les marcheurs.

Babeth Selier l'avoue : une piste reconnue permettrait de « *dynamiser le coin* ». Sur le GR65, un randonneur dépense en moyenne 45 euros par jour pour se nourrir et se loger, d'après l'AFCC. De quoi expliquer l'émergence de nombreuses variantes ? Comme celle de Bonneval, entre Aubrac et Espalion, ou plus loin, dans le Lot, celle de la vallée du Célé… « *Il y a une multitude de sentiers annexes. C'est une toile d'araignée* », tranche Lauriane Clouteau, cofondatrice des guides *Miam Miam Dodo*, spécialisés dans les voies jacquaires. La notion même de « *routes historiques* » n'aurait pas de sens.

Quand le GR65 fut homologué en 1972, les bénévoles de l'ancêtre de la FFRP ont relié les lieux où subsistaient des traces du culte de Saint-Jacques en s'appuyant sur des sources lacunaires. Principalement *Le Guide du Pèlerin*, issu du *Codex Calixtinus*, un manuscrit datant du XIIe siècle. Un critère déterminant fut de « *définir et retenir un tracé cohérent, empruntant des chemins publics facilitant la marche en toute sécurité, donc éliminant autant que faire se peut les tronçons goudronnés* », comme l'écrivait en 2003 Jean Chaize, l'un des créateurs du circuit, dans un article pour la Société académique du Puy.

Chaque année, la physionomie du GR continue d'évoluer, pour le dévier d'un parcours dangereux ou des terres d'un agriculteur lassé du défilé. Mais « *trois pancartes pour faire passer les marcheurs devant deux commerces, ça ne fait pas une variante !* », tient à rappeler Lauriane Clouteau. Pour intégrer son guide, assure-t-elle, un sentier doit être officialisé par la FFRP.

Et pourtant… au milieu des années 2000, les élus de Decazeville – sur la onzième étape – se sont émus de la mise en avant dans *Miam Miam Dodo* d'une option plus courte et non jalonnée permettant d'« *éviter* » l'ancienne cité minière. Trop laide ? Trop bétonnée ? Un anonyme a planté des pancartes sauvages pour ramener vers la ville, la presse a relayé, les rumeurs ont enflé, la mairie a investi dans la programmation culturelle, les infrastructures et la signalétique. Mais les pèlerins sont encore nombreux à la contourner. Et cette fois, Alain n'y est pour rien. XXI

RÉMI BAYOL
ILLUSTRATION JACQUES FLORET

TRAVAIL AU CORPS

OLIVIER, 49 ANS

COMÉDIEN MÉDIÉVAL

« Je porte tous les jours une armure qui pèse entre 12 et 17 kg »

Voilà deux décennies qu'Olivier Binder incarne un chevalier de 700 ans. Avec sa femme, cet historien de formation sillonne l'Est de la France en camionnette, à la rencontre d'amateurs d'épées et de classes de collège. Chaque année, 6000 enfants assistent au spectacle du couple, mi-épique, mi-pédagogique, fait de combats et de cascades équestres. « *Venu au monde avec la passion du Moyen Âge* », ce fils d'instituteur est animé par le désir de « *briser les idées reçues sur cette période* » au point de passer ses journées dans une tenue d'une quinzaine de kilos, d'« *encaisser des douleurs que le commun des mortels n'encaisse pas* » et d'être « *cassé de partout* ». Ces dernières années, deux hernies inguinales l'ont cloué au lit. Un « *sacrifice* » auquel il consent pour vivre son rêve de voyager dans le temps.

PAR RÉMI BAYOL

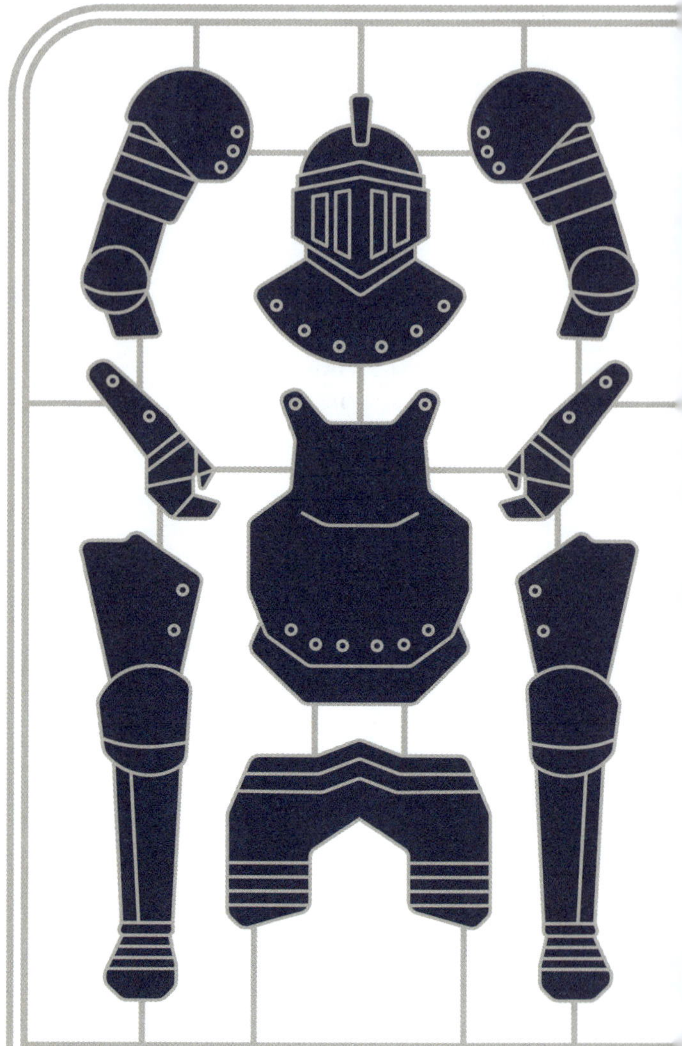

1 Quel est votre contrat ?

J'ai un statut d'intermittent du spectacle, en tant que comédien et cascadeur. Comme ma femme. On ne roule pas sur l'or mais, avec nos semaines de soixante-dix heures, on atteint facilement les 507 heures nécessaires pour obtenir le statut. Par ailleurs, je suis également pédagogue, artisan et même déménageur !

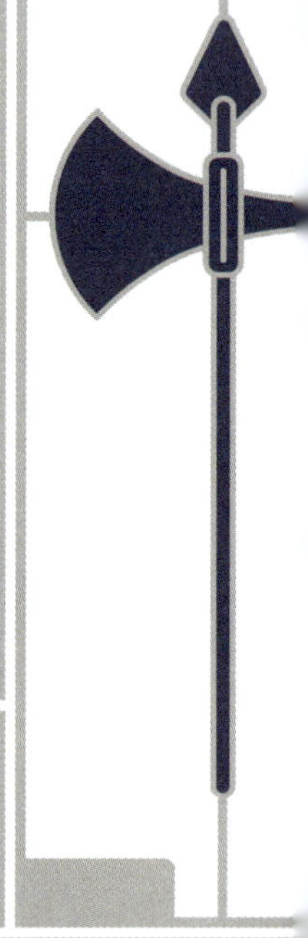

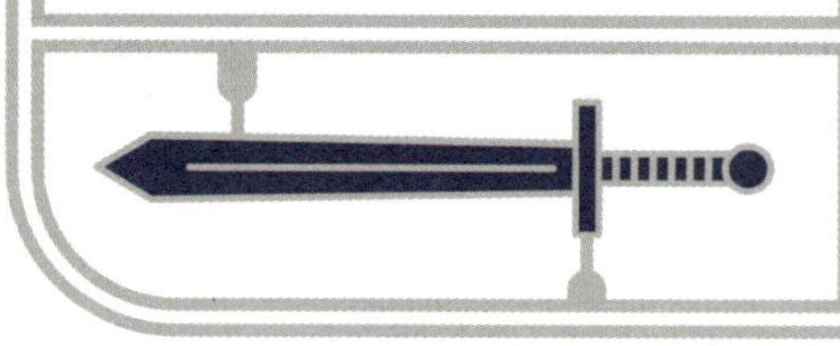

2 À quel moment quittez-vous votre tenue de travail ?

Je pars en tenue à l'aube, vers 5 heures, et je rentre vers 19 heures. Je porte des chausses, des braies – une sorte de pantalon –, une chemise et une cotte de maille. Dès que ma femme et moi enfilons nos costumes, on ne s'appelle plus que par nos noms de scène. Mon personnage, c'est Reinhardt, le sien, Brunehilde. On ne les quitte pas de la journée. Si on mange à la cantine d'une école, on se vouvoie. Et je me planque si je dois utiliser mon téléphone, pour ne pas trahir mon personnage devant un gamin. En fin de journée, quand je suis fatigué, il m'arrive de garder ma tenue à la maison. Mais je ne suis pas schizophrène. Le soir, je redeviens moi-même. Je répare le matériel, je m'occupe de la paperasse, je réponds aux e-mails pour de futures prestations et je prends soin de nos quatre chevaux.

3 Votre activité vous demande-t-elle un effort mental ?

Nous devons très bien connaître l'histoire de France. Il faut créer des scénarios, écrire les textes de nos personnages, corriger les erreurs, peaufiner les costumes. C'est un apprentissage perpétuel. Des sources sont constamment découvertes ou réinterprétées. Je passe du temps à m'informer sur des forums de passionnés de combats, d'armures. Quand je visite des musées médiévaux, j'ai toujours de quoi prendre des photos et des notes.

4 Votre activité vous demande-t-elle un effort physique ?

Je monte et démonte tous les jours 400 kg d'armes, armures, boucliers, coffres, maquettes de châteaux. Les combats, qui durent entre quinze secondes et deux minutes, sont extrêmement physiques. On se bat souvent en plein cagnard et on se blesse parfois avec les armes. Comme je suis cassé de partout, je fais beaucoup d'automassage et d'exercices pour ma posture. D'un autre côté, à bientôt 50 ans, je suis en très bonne forme physique. C'est un métier qui entretient.

5 Un souvenir qui vous a marqué ?

Cette année, nous sommes intervenus dans un collège d'une banlieue défavorisée de Mulhouse. Les professeurs nous ont raconté que, les jours précédents, les élèves n'arrêtaient pas de demander s'il y aurait un cheval et s'ils pourraient le caresser. Quand on leur a dit qu'ils avaient le droit de le faire, juste après le spectacle équestre, ils étaient sur un nuage. Ça fait quelque chose, une bête de 500 kg qui vous regarde avec amour. Ce sont des gamins qui sortent rarement de leur quartier et ne connaissent pas cet animal. Ils avaient aussi trouvé les combats spectaculaires et drôles. Les jeunes étaient très reconnaissants.

6 Qu'est-ce que votre travail vous a permis ou empêché de faire ?

Il m'a empêché d'avoir une vie normale, et je porte chaque jour une armure qui pèse entre 12 et 17 kg, mais je ne vis pas cela comme une contrainte. Ce n'est pas un simple accessoire non plus. Quand je pose mes yeux sur mon bras couvert de maille, je me dis que je réalise un rêve. J'aurais aimé naître au Moyen Âge et vivre l'idéal chevaleresque – se battre pour libérer le peuple et obtenir la paix. Je sais que, dans des vies antérieures, j'ai été guerrier et troubadour au XIIIe siècle. D'où le rôle de Reinhardt, grande gueule et drôle. Et puis, dans la vie, je ne suis pas très sûr de moi. Le personnage m'aide à sortir de la personne que je suis au quotidien.

7 Avez-vous l'impression de bien faire votre travail ?

Oui, car les établissements scolaires nous font revenir tous les ans. Je pense que les élèves apprécient le fait que nos personnages soient crédibles. On répond à leurs questions historiques, sans jamais sortir de nos rôles. À 12 ans, certains sont même persuadés que nous sommes de vrais chevaliers de l'époque. Ils ne croient plus au Père Noël, mais ils croient en Reinhardt et Brunehilde. Certains professeurs s'en désespèrent. Mais on leur dit : *« Ne leur expliquez pas, laissez-les rêver »*.

LE DÉNOUEMENT ÉTAIT
ÉCRIT D'AVANCE.
AU PRESTIGIEUX SALON DES PLANTES
TROPICALES, EN FLORIDE,
LE MASTODONTE DU MARCHÉ
COSTA FARMS, ALLAIT RAFLER
TOUS LES PRIX. CERTAINS
DE SES CONCURRENTS,
BLASÉS, AVAIENT MÊME
RENONCÉ À EXPOSER.
QUAND SOUDAIN, C'EST
LE « PLANT DRAMA » :
UN PETIT POUCET
REMPORTE LA MISE.
POUR LE PLUS
GRAND BONHEUR
DES INFLUENCEURS.

Plantes à billets

Par Anaïs Renevier
Illustrations Marine Coutroutsios

Le stand est stratégiquement placé à l'entrée de la salle d'exposition XXL. Une alcôve aux murs bleu cobalt, aux canapés en cuir profonds et aux étagères en bois naturel peintes en rose dragée. Au milieu des *Monstera* géants, des *Alocasia* aux feuilles exubérantes et des *Zamioculcas* rouges, bleus ou jaunes, l'ambiance est intimiste et cosy. On se croirait presque à la maison, on en oublierait l'agitation avoisinante. Pourtant, les visiteurs se bousculent pour y accéder. Ils sont venus dès l'ouverture, en ce mois de janvier 2023, de l'exposition internationale de plantes tropicales (TPIE), à Tampa, en Floride. Cela fait un an qu'ils attendent de découvrir les nouveautés du plus grand producteur au monde, Costa Farms.

Sous des néons qui donnent aux feuillages des airs de martiens vert fluo, ce sont surtout des *millenials* qui défilent, vêtus pour la circonstance et assortis au décor : chemises hawaïennes, décorées de palmiers, salopettes de jardinage aux motifs cactus, t-shirts ornés du slogan « *plant lady* » et bras encrés de tatouages de tous les végétaux possibles existant sur terre. Cameron Curry, 28 ans, l'un des premiers sur place, a fait le choix de la discrétion : une simple casquette à l'effigie de l'un de ses horticulteurs préférés – un concurrent de celui qui tient le stand de l'entrée. « *C'est quand même Costa que je veux voir en premier… On ne peut pas s'empêcher de les détester tant ils monopolisent le marché, mais on les adore en même temps parce qu'ils proposent des nouveautés pour vraiment pas cher !* », admet le jeune homme svelte à la mâchoire et la barbe ciselées. Et même si les plantes d'intérieur ont rarement une odeur, l'influenceur capte de loin le moindre effluve d'un bourgeon qui vient d'éclore. Il a du nez pour dénicher des trésors chez les 365 exposants, c'est pour ça qu'il est là : il veut annoncer les futures tendances à ses 140 000 abonnés TikTok.

Le TPIE se tient une fois par an et réunit tous les acteurs du marché. Ceux-ci jouent gros : c'est là que se font les succès et que se décident les tendances des végétaux d'intérieur vendus pour l'année à venir, aux États-Unis mais également au-delà des frontières. Dans ce seul pays, le marché des plantes vertes, qui pesait 1,6 milliard de dollars en 2020 – en hausse de 30 % par rapport à 2019 – est toujours en pleine croissance. Costa Farms gagne depuis sept ans l'un des prix les plus prestigieux du salon, celui de la « *meilleure plante à feuillage* ». L'an dernier, en 2022, c'est encore l'une de ses nouveautés, jamais vue sur le marché, qui est montée sur la première marche du podium : le géo. Le spécimen a même été sacré « *future plante tendance* » par le *New York Times*. Sa destinée était toute tracée : le géo allait devenir un succès commercial. L'industrie frémissait d'excitation. Mais lorsqu'il a été mis en vente dans la foulée de la récompense, les choses ne se sont pas déroulées comme prévu. Cette débandade inopinée a révélé à quel point le marché de la plante d'intérieur vit aujourd'hui une révolution.

Celui qui déniche la perle rare

Les rapaces volent bas au-dessus de l'asphalte, sous le soleil écrasant du Sud-Est américain. Un glapissement, puis un écho en retour, rappellent que les Everglades, leurs marécages et leur faune grouillante sont juste là, à quelques encablures. Cette nature sauvage se moque de la frontière tracée par le bitume et déborde de l'autre côté de la route. Là, ordonnée et domptée par l'humain, une autre forme de verdure lui fait face. Des serres, toutes identiques, s'étendent à perte de vue, sur des dizaines de kilomètres. À une heure au sud de Miami, sous d'épaisses bâches, une humidité et une température contrôlées au degré près, pousse le jardin de l'Amérique. La majeure partie des plantes vendues dans les jardineries du pays est cultivée ici. Au milieu de petites exploitations familiales, Costa Farms, fondée en 1961 par un immigrant cubain, Jose Costa, s'est bâti un empire en rachetant ses concurrents au fil des années. Aujourd'hui, le mastodonte domine le marché. Tous les ans, plus de 80 millions de plantes sortent de ses terres pour être dispatchées sur tout le territoire, jusqu'aux boutiques Ikea, Walmart et consorts.

Sous les serres, des travailleuses aux larges chapeaux prodiguent avec une minutie d'esthéticienne les derniers soins de beauté aux végétaux prêts à être expédiés : une feuille qui dépasse est coupée, une fleur trop vite fanée délicatement pincée. Au centre, en ce matin de janvier, Marcos Garcias, le responsable réseaux sociaux du groupe, passe puis repasse au volant d'une voiturette de golf. Il cherche la plante star de l'entreprise et a d'abord du mal à la localiser. Il faut dire que ses voisins de rangée, d'immenses philodendrons qui déploient de larges feuilles échancrées et luxuriantes, lui font de l'ombre. Du haut de sa vingtaine de centimètres, la petite plante à l'air rabougri peine à s'imposer, ployant sous le poids de ses épaisses feuilles noires recouvertes de la poussière ocre des terres arides environnantes. Difficile d'imaginer qu'elle a raflé des prix de concours de beauté. Le géo constitue pourtant un trésor pour Costa Farms : aujourd'hui, n'importe quel Américain peut l'exposer dans son appartement, pour 33 dollars hors taxes. Alors même qu'il y a quelques années, personne ne soupçonnait son existence, sinon quelques botanistes initiés. Plus rares encore étaient ceux qui connaissaient son nom : *Geogenanthus ciliatus*. Rien ne prédestinait cette plante atypique à son ascension fulgurante dans le monde horticole. Encore moins à sa chute.

Celui qui passe les plantes à la loupe

Il faut s'enfoncer dans les profondeurs humides de la forêt amazonienne, à l'ouest, dans une zone à cheval entre les territoires péruviens et équatoriens, pour remonter aux origines du géo. Là, au cœur de ce réservoir de biodiversité exubérant, sous les lianes et l'épaisse chape sombre de la canopée, se joue la grande guerre du monde végétal. À l'ombre des palmiers pennés, d'arbres à kapok ou de ficus étrangleurs, qui s'élancent jusqu'à quatre-vingts mètres de hauteur, chaque plante tente d'accéder à la lumière. La stratégie de survie du géo est astucieuse : rester au ras du sol et se parer de feuilles ébène, une couleur qui lui permet de mieux capter les très rares rayons de soleil. Et de se cacher des prédateurs. Sauf de l'un d'entre eux, au regard particulièrement aguerri : le « chasseur de plantes professionnel ».

Mike Rimland fait partie de cette drôle de caste depuis les années 1980, aujourd'hui au service de Costa Farms. Pour l'entreprise horticole, il parcourt le monde à la recherche de trésors à importer et commercialiser massivement. Il faut réussir à attraper cet homme pressé entre deux avions. Le sexagénaire a la convivialité joyeuse des Américains du sud du pays, le ton rapide du businessman et la verve précise du *storyteller*. Dans ce milieu hyper concurrentiel, on cultive les secrets aussi précieusement que les végétaux, alors il ne divulguera pas dans quel pays il a croisé le géo pour la première fois. « *Je ne vais pas chercher directement les plantes au fond des jungles*, tient-il à préciser. *Je passe par des intermédiaires, souvent des producteurs.* » S'il y a moins de risques de rencontrer des bêtes sauvages de cette manière-là, le travail reste harassant : Mike arpente pendant des heures des marchés aux fleurs, sous le soleil moite et tropical, en espérant repérer une aiguille dans une botte de foin. Et repart souvent bredouille. Mais un jour, un minuscule plant a attiré son œil expert – l'homme consent à dire que c'était en Asie du Sud-Est, l'une des plaques tournantes du marché horticole mondial. « *Tout dans ses feuilles était différent : l'épaisseur, la forme, l'éclat. Cette petite chose ressemblait à une plante extraterrestre. Je n'avais jamais rien vu de tel. Même la personne à qui je l'ai achetée ne connaissait pas son nom.* »

Il a d'abord fallu l'identifier, faute de quoi Mike Rimland n'aurait jamais reçu l'autorisation de l'importer aux États-Unis. Aussi l'explorateur des marchés de fleurs a-t-il passé à la loupe tous les détails de l'objet végétal non identifié, palpé sa feuille lisse et caoutchouteuse, s'interrogeant sur la couleur à la fois opaque et brillante, striée de reflets pourpres et violets une fois observée au grand jour. Il a activé son réseau autour du monde avant d'avoir la réponse : non seulement cette plante n'avait jamais été vue dans le milieu, mais en plus elle appartenait à un genre qui n'avait jamais été commercialisé. De mémoire d'horticulteurs, on n'avait pas vu ça depuis l'introduction du genre *Calathea* à la fin des années 1990. D'ordinaire, les nouvelles espèces sont issues de croisements de plantes déjà en vente. Mike a vite compris qu'il tenait là une potentielle poule aux œufs d'or. Direction Miami avec l'ensemble du stock : quatre minuscules pots.

Cette rencontre du troisième type a eu lieu en 2017. À partir de là, Costa Farms a lancé sa machine de guerre. Pour l'équipe recherche et développement, qui enclenche le processus plusieurs fois par an, c'est la routine, dès que Rimland rapatrie une trouvaille. Il faut d'abord vérifier que la plante peut être facilement reproduite en grande quantité, sans risquer de muter. Puis vient le temps des tests : la découverte doit s'adapter à tout ce que l'humain va lui faire subir. Alors, dans le secret feutré des laboratoires, les scientifiques l'enferment pendant des semaines au fond de placards, la privent d'eau et évaluent sa résistance au stress auquel elle va être exposée si elle est mise en vente : elle va voyager plusieurs jours dans la remorque d'un camion, puis séjourner longuement sur les rayonnages d'un magasin sans lumière naturelle, avant de rejoindre enfin son nouveau foyer, un intérieur chaud et

démesurément sec, bien différent de son environnement d'origine, où on lui donnera souvent trop d'eau – ou trop peu. Perd-elle ses feuilles ? Se rabougrit-elle ? Meurt-elle complètement ? Si c'est le cas, direction la poubelle. Costa Farms cherche des monstres de foire : des variétés ultrarésistantes, facilement reproductibles, pour pouvoir inonder le marché à bas prix.

« On doit à chaque fois proposer des nouveautés, il faut toujours quelque chose de différent », résume Mike Rimland, du ton didactique de celui qui doit régulièrement expliquer sa profession à des néophytes. Dans l'horticulture comme dans l'habillement ou la décoration, les modes changent et évoluent rapidement. Sauf que la plante est un être vivant. Peu importe à quel point on tente de la forcer, la nature impose toujours son propre rythme. Il faut donc au moins cinq ans entre le moment où l'entreprise décide de la commercialiser et le moment où l'heureuse élue est effectivement vendue. En 2022, le géo a franchi cette étape, nourrissant tous les espoirs du géant du végétal.

Celui qui scrute les détails

Au TPIE de cette année, sous sa casquette, Cameron Curry s'émerveille de tout. Ici, c'est un peu le Disneyland de la plante : un stand aux palmiers si géants qu'on se demande comment on a pu les faire entrer dans le hall, des spécimens carnivores mis en scène façon gore ou encore un cinéma avec des affiches détournées, comme *Ginseng in the Rain* ou *Bambo* avec Stallone – sur le côté du stand, une hôtesse propose même du pop-corn chaud,

préparé en direct dans une machine sur roulettes. « *C'est une vraie explosion sensorielle* », témoigne le vingtenaire en caressant délicatement les feuilles d'un philodendron aux reflets safranés. Cet ancien chef cuisinier a toujours eu le souci de la précision et de l'alchimie, dans ses recettes comme dans ses choix de plantes. Tel un créateur examinant des robes de haute couture, il scrute et étudie chaque détail : « *Il y a une telle diversité dans les plantes, que tu peux toujours en trouver une qui matche avec ton design, ta déco, ton esthétique. Les plantes te permettent d'exprimer ta personnalité.* » Il y a trois ans, Cameron Curry n'y connaissait pas grand-chose. Il a commencé à s'y intéresser quand le monde s'est mis à l'arrêt au printemps 2020, à l'instar de nombreux *millenials*. À tel point qu'il a finalement démissionné pour se lancer dans le business. Le vingtenaire a quitté le yacht sur lequel il travaillait comme chef privé en Géorgie pour rejoindre la terre ferme, sa Floride natale, et entretenir dans son arrière-cour de plus en plus de pousses. Jusqu'à se professionnaliser complètement, organiser des ventes privées et développer sa propre gamme de produits d'entretien écoresponsables qu'il vend aujourd'hui dans certaines jardineries. Le serial entrepreneur assure désormais vivre correctement de son activité.

Kate Spirgen, rédactrice en chef de *Garden Center Magazine*, une revue pour les professionnels de l'horticulture, analyse : « *Pendant la pandémie, la vente de plantes d'intérieur a explosé. Avant, c'était vu comme un hobby kitsch pour femme âgée. Maintenant, c'est tendance. Les études le montrent : les plus jeunes n'achètent plus de maison, ils n'adoptent plus d'animaux, mais désormais ils adoptent des plantes.* » Et le font savoir sur les réseaux sociaux. Sur TikTok, #planttok cumule 4 millions de vues et sur Instagram plus d'un million de clichés sont estampillés #plantparent. Une nouvelle parentalité, comme la définissent les premiers intéressés, qui s'affiche à coups de courtes vidéos et de photos stylisées. Problème : pour rester original, il faut sans cesse renouveler son contenu. Donc, adopter de plus en plus d'enfants plantes, si possible exotiques et uniques.

Ceux qui jugent impitoyablement

Devant son stand, Paul Deroose discute avec quelques clients et regarde d'un œil amusé les influenceurs passer. Il dirige Deroose Plants, entreprise familiale belge qui produit des végétaux de père en fils, des deux côtés de l'Atlantique, depuis quarante ans. Le commercial a du bagou et son franc-parler. « *Ce matin, une fille de 20 ans m'a posé des questions très précises sur les Nepenthes. Elle avait même un sac à dos de la forme de leurs fleurs !* rigole-t-il en pointant du doigt cette espèce carnivore tombante à la mode qui pend au-dessus de sa tête. *Avant, il suffisait de mettre une plante sur le marché, elle se vendait, les gens n'avaient pas besoin d'en savoir plus. Maintenant, il faut que la plante intéresse, qu'elle divertisse, qu'elle excite !* »

Et qu'elle ait une histoire. Même si, contrairement au géo, la plupart des nouveautés ne sont plus dénichées au fin fond de l'Amazonie. Car, pendant des siècles, l'homme a dépouillé les jungles. Au XIXe siècle, certains explorateurs brûlaient même des pans entiers de forêts pour ne rien laisser aux concurrents. « *Il y a vingt ans, mon frère allait encore chercher des plantes dans la nature en Amérique du Sud. Maintenant, on en obtient de meilleures en labo* », pose sans état d'âme Paul Deroose. D'ailleurs, si vous croisiez votre plante de salon préférée dans son environnement naturel, il y a peu de chances que vous la reconnaissiez. Les espèces d'intérieur sont hybridées, c'est-à-dire croisées par la main humaine. Mais dans ce secteur opaque, peu d'horticulteurs parlent avec autant de franchise que le patron belge : « *Pour arriver à ces résultats, on fait aux plantes plein de trucs qu'elles n'aiment pas : des mutations, des radiations...* » Les scientifiques au service des producteurs créent des spécimens toujours plus résistants, plus graphiques, plus colorés : panachures, zébrures, pois. Les plantes vertes au sens strict du terme – 100 % monochronomes – sont d'ailleurs de plus en plus rares. Une aberration botanique puisque, plus leurs feuilles sont bigarrées, moins elles produisent de chlorophylle et donc moins elles sont résistantes. Qu'importe : opération botox et bistouri pour toujours plus d'originalité.

Il fait presque tout le temps beau en Floride, même lorsque le reste des États-Unis est plongé dans l'hiver, les pieds dans la neige. Le géo a été commercialisé en pleine vague de froid. Malgré la batterie de tests qu'il avait subis, ses plants ont souffert des températures extrêmes et sont arrivés gelés dans les magasins du nord du pays, certains ont même fini par perdre leurs feuilles. Gros flop : sur les réseaux sociaux, les consommateurs qui l'attendaient avec impatience se sont affolés. Quelques semaines plus tard, c'était pire encore : plusieurs géos ont atterri dans les poubelles, morts de soif. Car cette plante, habituée aux sols détrempés des forêts tropicales, a besoin de bien plus d'eau que la moyenne. Très vite, Costa Farms a dû adapter sa stratégie et a choisi de le vendre avec un pot équipé de son propre système d'approvisionnement. Les commentaires sur les réseaux ont été impitoyables : « *Le géo est une plante qui déteste la vie* », « *J'ai une collection de 150 plantes, c'est celle qui fait le plus la fine bouche ! C'est la pire !* », « *La mienne ressemble à une chaussure en lambeaux !* » Le géant de l'horticulture a mis ses équipes sur le pont pour communiquer les consignes d'entretien sur les réseaux. Malgré tout, les influenceurs ne se sont pas montrés convaincus, pas plus Cameron Curry que les autres. Il n'avait d'ailleurs pas voté pour l'ovni l'an dernier : « *Il n'est tout simplement pas assez mignon !* », sourit l'influenceur à casquette. Entendez : « *pas assez instagrammable* ». Et l'ancien cuistot d'ajouter : « *Costa a supplié plusieurs de mes amis influenceurs qui ont des contrats avec eux de pousser cette plante. Mais personne n'a voulu prendre le risque de décevoir sa communauté...* »

Celle qui dévie le « bad buzz »

Mike Rimland et Justin Hancock – qui s'occupe des relations publiques, du marketing digital et de l'image de Costa Farms – reconnaissent qu'il y a eu des couacs au lancement : « *Les réseaux sociaux, c'est à double tranchant. Ça nous permet d'entretenir une relation avec le public, mais s'il y a le moindre problème, on en entend parler pendant des mois* », soupire Rimland. Et quand on a 100 000 godets en stock prêts à être vendus, on ne peut pas se permettre de fausses notes. Costa n'a cependant pas fait appel à un « consultant plante », métier en vogue outre-Atlantique, ni à une « attachée de presse pour plantes », comme préfère se présenter Katie Dubow, la présidente de Garden Media Group, en expliquant son métier : « *Mes amis me demandent : "Quel genre de crise une plante peut-elle traverser ? Elles ne vont pas avoir besoin de se justifier à propos d'une folle nuit en ville, comme les célébrités !"* » Mais elles pourraient avoir besoin d'être sauvées d'un *bad buzz*. Alors ces professionnels aident les horticulteurs, producteurs et jardineries à placer leurs « produits », le plus subtilement possible, dans les médias, analyser les tendances, prédire les prochains gros coups et entretenir les relations avec les journalistes.

Pour ce volet, Costa Farms dispose de ses équipes en interne. Dans les locaux, Marcos Garcias, en charge des réseaux sociaux, a installé deux espaces réservés à des studios Instagram et TikTok. L'entreprise place aussi des plantes dans des séries Netflix et tente d'obtenir que ses nouveautés soient photographiées dans les décors des pages mode de grands magazines comme *Vogue*. Pour le géo, l'entreprise a redoublé d'efforts dès les débuts de sa commercialisation pour vanter ses «*miracles*» et sa «*singularité*». Un *storytelling* qui a d'ailleurs rapidement convaincu le *New York Times.* Et le grand quotidien ne s'est pas complètement fourvoyé en écrivant que c'était la nouvelle plante à la mode: Costa Farms avait les moyens pour imposer une tendance. Mais dans le milieu, le papier a immédiatement fait jaser. Oui, les professionnels trouvaient que le géo était une trouvaille exceptionnelle. Mais la plupart étaient d'accord pour dire qu'elle était trop soiffarde et frileuse pour en faire une plante d'intérieur populaire. Les influenceurs ne s'y étaient pas trompés.

Celle qui crée le coup de théâtre

Dernier acte du TPIE 2023. Pendant trois jours, les visiteurs ont voté pour celle qui reprendrait la couronne au géo. Costa Farms, qui retente sa chance cette année, est tellement donné favori, que certains de ses concurrents ont renoncé à exposer sur le salon professionnel. Une partie de l'équipe a traversé la Floride pour rejoindre Tampa sur la côte ouest avec une cargaison d'une dizaine de nouveautés pour le concours. Le jour de l'ouverture, les employés ne se demandent pas s'ils vont gagner, mais avec quelle plante: le pothos citron meringué et ses éclats jaunes? Le *Dieffenbachia* crocodile et ses feuilles rugueuses de la même texture que l'animal? Ou l'orchidée *Sarcoglottis sceptrodes* avec son feuillage panaché?

L'urne s'est remplie. Les votes sont clos. Les représentants des entreprises en lice patientent à côté d'une estrade dans le hall, se passant un dernier coup de peigne dans les cheveux, un dernier coup de produit lustrant sur les plantes. Sabrina Haines, responsable des exposants sur le TPIE, où elle travaille depuis trois décennies, est en charge du dépouillement. Au dernier moment, on la voit traverser le hall à toute vitesse, affolée, puis alpaguer une inconnue qui semble très attentive à chaque spécimen. Il y a deux plantes ex aequo, et c'est cette dame – responsable d'une jardinerie en Haïti – qui va devoir les départager. Celle-ci prend son rôle au sérieux: elle scrute chaque détail et soupèse les feuilles des deux finalistes: un *Anthurium* tricolore aux immenses feuilles panachées oblongues, s'étendant comme deux ombrelles longilignes, et un bégonia tacheté au style rétro qui semble tout droit venu des années 1970. Entre les deux, son cœur balance : *« Je suis membre de la société des amateurs de bégonias, mais pourtant c'est bien l'autre qui mérite de gagner ! »*, tranche-t-elle. Cameron Curry est au premier rang, sa caméra est prête. Il enregistre ce coup de théâtre : ce n'est finalement pas Costa Farms qui est appelé sur scène mais Aroid Greenhouses, une petite exploitation familiale – et l'un des producteurs préférés de Curry. *« Oh mon Dieu, un petit producteur qui gagne contre Costa ? C'est un véritable "plant drama" ! »*, se délecte l'influenceur.

Celles qui ont déniché la licorne

Paula et Melody Amezquita, deux sœurs de 32 et 35 ans, montent sur scène, troublées : *« On expose depuis plusieurs années, mais on n'a jamais gagné de prix »*, déclarent-elles d'une voix tremblante au micro. Alors qu'elles redescendent de l'estrade, encore étourdies, elles sont rappelées sur scène pour le prix suivant. Puis encore un autre. C'est la déferlante : prix du meilleur feuillage, du meilleur stand, du produit le plus cool. Les larmes coulent tandis que les sourires *ultra bright* des employés de Costa Farms s'effacent. L'entreprise n'a gagné aucune récompense. L'équipe s'éclipse. Justin Hancock est vert, façon de parler : *« C'est un choix politique, ils n'ont pas voulu donner le prix à Costa parce que les gens aiment détester les grandes entreprises. »*

Les sœurs Amezquita ont la même énergie solaire, les mêmes yeux pétillants, les mêmes cheveux bruns et ondulés, que Melody porte très courts et Paula très longs. Échanges de regards complices, elles finissent les phrases l'une de l'autre, interrompant leur récit de grands éclats de rires clairs. Chacune a sa passion : Melody est la jardinière, férue de *Hoya,* Paula est la vendeuse, celle qui aime parler aux gens et filmer leur quotidien qu'elle diffuse sur sa page Instagram. Elles ne sont pas complètement remises de leurs émotions quand elles partagent, quelques jours plus tard, les recettes de leur succès. Et c'est inattendu : elles ont presque piraté

le prix. Alors que Costa Farms se prépare pendant des années pour le concours et dépense des budgets faramineux, la famille Amezquita a décidé au dernier moment de s'inscrire : « *On a trouvé l'Anthurium tricolore sur un marché de plantes en Thaïlande juste avant le salon, on en a rapporté un exemplaire, il n'y en a pas d'autres* », rigole Paula. Dans le milieu, on appelle ça une licorne : un spécimen rare, que le producteur ne cultive pas lui-même et qu'il importe au compte-goutte. De quoi faire encore plus rager les équipes de Costa Farms : « *Oui, elle est magnifique*, concède Hancock, le manager brand marketing de l'entreprise. *Mais les plantes que l'on présente sont faites pour être mises sur le marché à prix accessible. Nous, on les démocratise !* » Prix de vente de l'*Anthurium* tricolore : près de 16000 dollars.

En plus de ses quatre serres, la famille Amezquita possède une jardinerie à Southwest Ranches, à quarante minutes de route de Miami, en bordure des Everglades. À l'arrière de la boutique, une pièce confidentielle reste fermée à clé. On n'accède à cette caverne d'Ali Baba que sur demande, accompagné d'un vendeur. Pour y découvrir une verrière immense qui rappelle les plus beaux jardins botaniques du monde. Dans ce palais baigné de lumière, il n'y a que des licornes : des plantes parmi les plus rares du marché, qui se vendent entre plusieurs centaines et plusieurs milliers de dollars. Les acheteurs ne manquent pas : certains « jeunes parents », trentenaires, ne cherchent que des progénitures uniques. Ces *Monstera obliqua,* philodendrons *Red Congo* et autres orchidées rares se vendent dans des jardineries spécialisées comme ici, mais aussi sur Etsy, un site d'objets faits main, aux quelque 400 millions de visiteurs par mois. On peut y commander des plants développés par des cultivateurs indépendants, dans leur jardin, voire dans leur cave. Sur les réseaux sociaux, ces producteurs d'un nouveau genre échangent leurs conseils pour hybrider eux-mêmes les végétaux et les vendre sur des réseaux parallèles. Mine de rien, ils grignotent petit à petit des parts de marché, et certains vont jusqu'à apprendre le thaïlandais ou l'indonésien pour court-circuiter les géants à la source. C'est ainsi que Costa Farms se fait de plus en plus bousculer par des plus petits que lui, bien plus libres, puisqu'ils n'ont pas à produire massivement et à faible coût.

Celui qui n'arrête jamais de rêver

À une dizaine de minutes de route de la jardinerie, au fin fond d'un chemin boueux se dessine une oasis : la pépinière de la famille Amezquita, bordée de bougainvilliers et de palmiers. Ce matin, l'activité y bat son plein. Le précieux trésor a été laissé à l'entrée des serres, décoré de sa médaille. Les deux sœurs déambulent dans des voiturettes de golf pour faire visiter les lieux aux acheteurs des jardineries de tout le pays, qui profitent de leur séjour en Floride pour faire le tour des producteurs en vogue. Et remplir leurs carnets de commandes. Entre deux ventes, Paula raconte l'histoire d'Aroid Greenhouses, qui a débuté en 2019, quand sa mère a voulu se lancer dans l'horticulture, « *sans rien n'y connaître en culture de plantes* ». Le père, originaire du Guatemala, avait l'habitude de parier sur des projets inédits ; ses filles l'appellent même le « *Forest Gump de l'entrepreneuriat* », tant il « *lance toujours des nouveaux business au bon endroit au bon moment* ». Il a ainsi cuisiné des tortillas sur les marchés, ouvert un magasin de réparation de skateboards dans les années 1990, importé des vestes guatémaltèques artisanales, vendu des bijoux en argent puis des fontaines. Avant de tenter l'aventure des végétaux.

Le petit laboratoire expérimental s'est transformé en sérieux business : sur son exploitation de 4 hectares, la famille Amezquita cultive aujourd'hui 750 000 plantes par an. « *Dès qu'un voisin revend ses terres, mon père les rachète,* précise la cadette. *Parfois, je m'absente une journée et, le lendemain, il a bâti une nouvelle serre.* » Est-ce que la famille rêverait de concurrencer un jour Costa Farms ? Paula s'esclaffe : « *Non, jamais ! Ils sont bien trop gros !* » Avant de marquer une pause et de concéder : « *Notre père n'arrête jamais de rêver et de voir les choses en grand.* » Tellement grand que, trois jours après la victoire, les deux sœurs commençaient à réfléchir à ce qu'elles pourraient présenter au prochain TPIE.
Sur leur temps libre, elles font déjà quelques tests photo et vidéo pour construire un récit sous le meilleur angle possible. Car elles le savent : aujourd'hui une bonne plante, c'est avant tout une bonne histoire. XXI

Aux racines du mal

Et si, en dépit de toutes les plantes que vous avez laissé mourir, vous aviez la main verte ? Et si l'industrie horticole vous mentait et que les végétaux, produits de consommation comme les autres, étaient aussi victimes de l'obsolescence programmée ? Car les plantes sont elles aussi dopées aux hormones – pour pousser plus vite, être plus luxuriantes – et arrivent épuisées et stressées dans votre salon, après un long voyage et un séjour en jardinerie, dans des conditions pas toujours optimales. Toutes ces questions, je me les pose depuis que je suis fleuriste. Le journalisme est ma vocation, mais j'aime apprendre, alors un jour je me suis inscrite à une formation et j'ai obtenu mon CAP de fleuriste en 2019. Depuis, je travaille ponctuellement dans des boutiques. Avec un pied dans cette profession et les mains dans la terre, je me suis rendu compte que tout ne sentait pas si bon au pays des fleurs. Que l'on fantasmait beaucoup sur ce milieu, sans jamais vraiment décortiquer les mécanismes de marchandisation du vivant. C'est une thématique peu traitée par les journalistes, alors je m'y suis glissée : j'enquête sur les roses de contrefaçon à Rungis, les arnaques d'entreprises de livraison de fleurs, le prix des pivoines, et il m'arrive même de patauger dans des marécages de Floride à la recherche d'une orchidée rare. J'ai décidé de m'atteler pour la revue *XXI* à un sujet qui n'avait jamais fait l'objet d'une enquête poussée : les plantes d'intérieur. Je ne pensais pas qu'elle me mènerait si loin : j'ai échangé avec des botanistes équatoriens, des horticulteurs indonésiens et des producteurs hollandais, avant finalement de mener une contre-enquête dans des serres de Floride. **A. R.**

Un prix en dévore un autre

Alors que Mike Rimland, chasseur de plantes de Costa Farms, pensait être le seul à avoir mis la main sur le géo, il y a quatre ans, il a reçu un coup de fil en provenance d'Europe. Un producteur hollandais venait de découvrir une plante unique, qu'il n'avait jamais vue. Il confiait même l'avoir dénichée à la source, grâce à un confrère en Équateur. Richard Scheffers, le producteur, lui a donc envoyé une photo. Le chasseur de plantes américain a reconnu le géo, sans s'inquiéter : de chaque côté de l'Atlantique, les marchés s'observent mais ne sont pas concurrents. Il a même donné à son interlocuteur le nom du végétal.

Début 2023, le géo a gagné un prix prestigieux aux Pays-Bas, celui du Glazen Tulp Award. Le pays étant la plaque tournante du marché végétal en Europe, le géo s'est vite répandu, et on commence à en trouver dans certaines jardineries françaises. Mais un prix en chasse vite un autre et, dans la profession, on se prépare déjà aux concours de l'année prochaine. Dans le milieu, il se murmure même que les futures plantes qui pourraient dévorer le marché sont carnivores. **A. R.**

Petites plantes, gros business

Un Coréen du Sud a été arrêté en Californie dans des parcs régionaux reculés du nord de l'État, en train de voler des dudleyas (espèce de cactus). Il comptait les envoyer en Asie. Dans les déserts d'Afrique du Sud, des espèces de succulentes s'évaporent. Les marécages de Floride sont dépouillés de certaines orchidées. Partout dans le monde, les plantes sont braconnées. Au total, 85 % des espèces vivantes en danger d'extinction sont des plantes, d'après des chiffres donnés par la Convention sur le commerce international des espèces de faune et de flore sauvages menacées d'extinction (Cites), mais on l'ignore souvent. Car, dans nos sociétés occidentales, nous sommes atteints de *« cécité botanique »*, comme l'appellent les biologistes : un biais cognitif qui nous rend moins attentifs à la flore qu'à la faune. Les producteurs affirment qu'en reproduisant massivement les plantes, ils les sauvent d'une potentielle extinction. C'est en partie vrai, mais jusqu'à une certaine limite, car quand un végétal est passé de mode, il finit par disparaître complètement des serres horticoles. A. R.

« Fanées, les fleurs de saison peuvent être compostées. Pas les plantes en pot. »

Hortense Harang a cofondé Fleurs d'ici, une *« plate-forme éthique en ligne »* qui propose une alternative aux *« aberrations écologiques du marché horticole »*.

Dans quelles conditions sont produites les plantes d'intérieur vendues sur le marché français ?
Les plantes d'intérieur doivent pouvoir survivre dans des appartements chauffés à 20 °C. Ce sont donc des plantes d'origine tropicale, qui ne peuvent être produites que dans des conditions proches de celles de leur milieu d'origine. Il faut les cultiver à des températures élevées dans des serres, utiliser beaucoup d'eau et des intrants [engrais, pesticides, voire hormones, ndlr]. Ce triptyque a un impact important en matière d'émission carbone, sans compter le transport.

On a tendance à penser qu'une plante verte est plus écologique et durable qu'un bouquet de fleurs, est-ce vrai ?
Non. Le consommateur ne voit qu'un aspect : la plante en pot se garde plus longtemps que le bouquet. Mais il faut calculer le coût global : une fleur de plein champ, locale et de saison, demande beaucoup moins de ressources en eau et en énergie pour pousser. Une plante d'intérieur est dénaturée, sortie de son environnement naturel. Elle est donc plus fragile, plus susceptible d'attraper des maladies, et c'est alors qu'il faut recourir aux engrais, pesticides, etc. Une fois fanées, les fleurs de saison peuvent être compostées, ce n'est pas le cas de la plante en pot qui a été traitée. Sans parler du pot en plastique lui-même, vendu avec la plante.

Désirer une orchidée en fleur ou un immense palmier chez soi, est-ce raisonnable ?
Longtemps, les produits exotiques ont été un luxe, car ils étaient rares. Mais on a voulu massifier l'accès à ces plantes et industrialiser leur production. C'est comme le saumon : quand j'étais petite, c'était un aliment rare, maintenant il est disponible partout, mais il est gavé de métaux lourds et élevé dans des conditions atroces. En donnant accès à des denrées hors saison et exotiques, on a faussé les habitudes de consommation. On a voulu faire plier la nature au désir de l'homme.

Je veux quand même de la verdure dans mon appartement, tout en étant *eco-friendly*, quelle est la solution ?
D'abord, acheter local : il y a de bons producteurs de plantes vertes en France, on économise sur le transport. Les succulentes et les cactus sont aussi une bonne solution, ils vivent très bien en appartement tout en étant frugaux. Ensuite, il y a les balcons et les rebords de fenêtres : on peut y mettre des plantes locales, adaptées au climat, c'est une solution durable. **PROPOS RECUEILLIS PAR A. R.**

À lire, à voir

Le voleur d'orchidées
de Susan Orlean
éd. du Sous-sol, 2018
Dans cette enquête initialement parue en 1998, et qui a inspiré le film *Adaptation* de Spike Jonze, la journaliste Susan Orlean part sur les traces de la fleur la plus rare au monde, qui en a rendu fous plus d'un.

Atlas de botanique poétique
de Francis Hallé
éd. Arthaud, 2016
Une plante qui danse, un figuier étrangleur et des arbres souterrains, voici quelques-uns des spécimens qui peuplent cet étonnant atlas.
Le botaniste Francis Hallé y présente d'étonnants végétaux, découverts au cours d'explorations des jungles tropicales du monde.

L'intelligence des plantes
de Stefano Mancuso et Alessandra Viola
éd. Albin Michel, 2018
On vous a déjà pris pour un illuminé parce que vous parliez à vos plantes ? À la lecture de ce livre, véritable manifeste écologique, vous pourrez rétorquer à vos détracteurs que les plantes sont intelligentes – et peut-être plus que les humains.

Le voyage botanique
de Sandra Knapp
éd. Mengès, 2003
Un livre d'art, de voyages et de botanique, où vous apprendrez l'histoire des plantes et de ceux qui les ont découvertes.

AU MILIEU DES BIDONVILLES DU CAP, LA REBELLE PETRO TERBLANCHE A DOMPTÉ L'ARN MESSAGER. AVEC SA PETITE ÉQUIPE DE LABORANTINS, ILS ONT DÉCRYPTÉ, EN PLEINE PANDÉMIE DE COVID-19, LA RECETTE DU VACCIN MODERNA. ILS SE DONNENT DÉSORMAIS POUR MISSION DE FORMER LES SCIENTIFIQUES DES PAYS LES PLUS PAUVRES, PÉNALISÉS PAR LA LOGIQUE DES BREVETS.

Les patronnes du monde d'après

SUR LE MÊME CONTINENT, PLUS AU NORD, ACTRICES, RÉALISATRICES ET PRODUCTRICES NIGÉRIANES METTENT LE PIED DANS LA PORTE DE NOLLYWOOD. L'INDUSTRIE D'UN CINÉMA À SUCCÈS LES ACCUEILLE À BRAS OUVERTS… À CONDITION DE NE PAS BOUSCULER LES CLICHÉS.

36 — ENQUÊTE
Le labo de Bonne-Espérance

54 — REPORTAGE
Et Nollywood créa la femme puissante

Illustration : Nicolas Galkowski

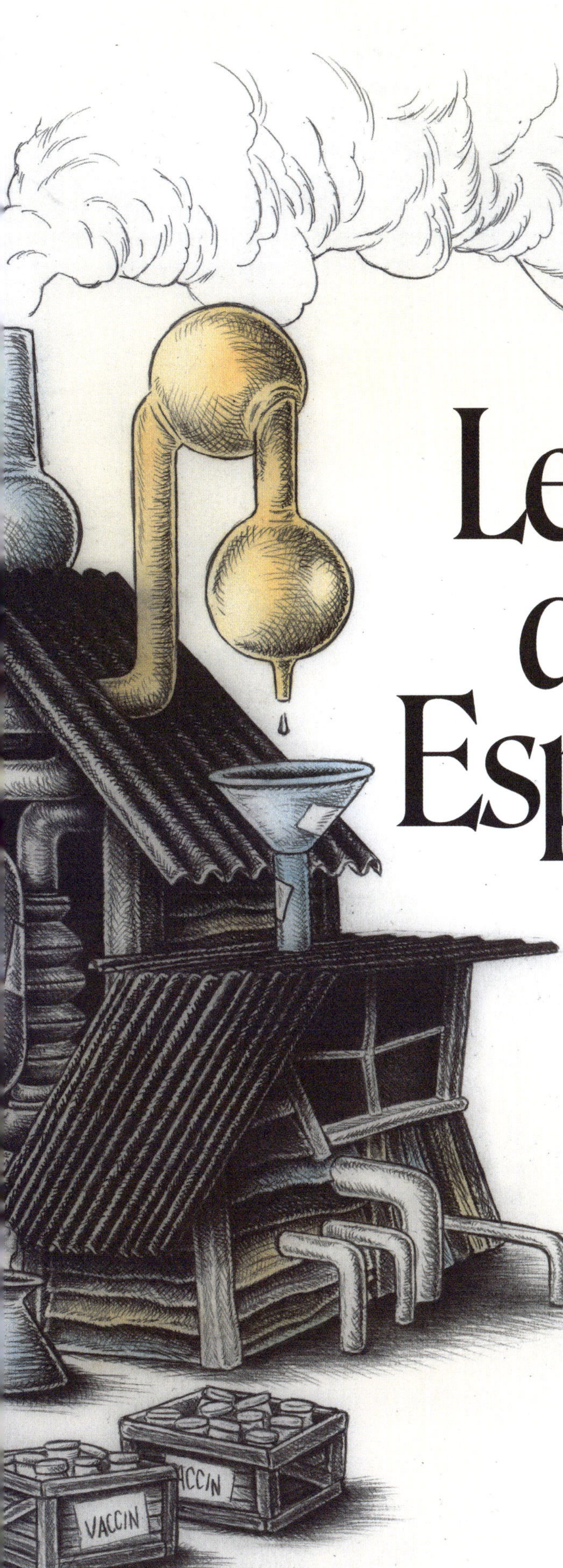

Le labo de Bonne-Espérance

RENDRE ACCESSIBLE L'ARN MESSAGER EN OPEN SOURCE, VOILÀ LA MISSION QUE S'EST DONNÉE AFRIGEN, PETIT LABORATOIRE SUD-AFRICAIN. AINSI DÉMOCRATISÉE, LA TECHNOLOGIE AIDERAIT LES PAYS PAUVRES À LUTTER, AUJOURD'HUI CONTRE LE COVID-19, ET DEMAIN, QUI SAIT, PEUT-ÊTRE CONTRE LE SIDA OU LA TUBERCULOSE…

Par Rozenn Le Saint
Illustrations Nicolas Zouliamis

Le laboratoire a des allures de cuisine en pleine inspection d'hygiène. La cuisine d'un restaurant après le coup de feu, quand tout est briqué. Les lave-vaisselles ont cessé de tourner. Les appareils de stérilisation, ceux qui ressemblent à des robots à pâtisserie sophistiqués, patientent sagement. Les visiteurs en charlotte et blouse blanche observent leur reflet sur les plans de travail en acier. Ce ne sont pas des inspecteurs pourtant, mais des scientifiques venus d'Afrique du Nord pour découvrir la mystérieuse recette du petit laboratoire niché à l'extrême sud du continent. En connaisseurs, ils savourent, écoutent, prennent des notes. Et s'imprègnent de la puissance du lieu, dont la réputation n'est plus à faire. Afrigen est une planète à part, un terrain d'expérimentation dont l'équipe est animée par une ambition de super-héros : sauver le monde, ni plus ni moins. Un commando de savants s'active pour démocratiser la production de vaccins et, ainsi, épargner des millions de vies dans les pays les plus pauvres. À sa tête, Petro Terblanche, qui a embauché tout ce que le pays compte de talents soucieux de mettre leurs compétences au service de ce big bang.

Tout s'est accéléré durant la pandémie de Covid-19, quand Afrigen s'est lancé dans la production d'un vaccin alternatif. Depuis, le labo vise plus loin, entraînant son lot de migraines pour les patrons de Moderna, Pfizer et BioNTech. Car la brigade de Petro Terblanche espère bien casser leur monopole sur l'ARN messager. Cette technologie révolutionnaire pourrait en effet devenir un bouclier contre la malaria ou la tuberculose – des fléaux dans nombre de contrées miséreuses. Mais ce n'est pas tout : la boss de cette minuscule entreprise entend former les experts des nations les moins favorisées pour qu'eux aussi puissent maîtriser le procédé et gagner en indépendance.

L'Organisation mondiale de la santé (OMS), qui soutient le petit labo rebelle depuis juin 2021, a affublé cette opération de partage de savoir-faire d'un nom de start-up : le *« hub de transfert de technologie de l'ARN messager »*. En réalité, le labo fait avec les moyens du bord, en mode débrouille. Afrigen est planqué dans une zone industrielle en périphérie du Cap, juste à côté de la mal-nommée « Freedom Way ». De part et d'autre de cette voie, des abris façonnés de bric et de broc forment un bidonville, où ses habitants, enfermés dans leur précarité, vivent dans des cabanes en tôles ondulées et rouillées qui résistent tant bien que

Afrigen est une planète à part, peuplée d'un commando de savants qui s'active pour démocratiser la production de vaccins. Tous sont animés par une ambition de super-héros : sauver le monde, ni plus ni moins.

> **« Les patrons de Big Pharma ne m'intimident pas », affirme la boss du petit labo. La partie est pourtant loin d'être gagnée. Entre lutte et coups bas, lobbying et dépôts de brevet, les mois qui viennent vont être décisifs.**

mal à la force du vent. Un *township* où des gamins transforment en ballons les bouteilles jonchant le sol. Et où la misère ronge jusqu'à la dernière cloison de fortune.

C'est là que, tout début décembre 2022, une équipe coréenne est venue faire la visite. Aujourd'hui, c'est au tour des Tunisiens, qui déambulent avec application entre les tuyaux et les cuves bien nettoyées. « *Les patrons de Big Pharma* [terme qui désigne les plus puissantes entreprises pharmaceutiques mondiales, ndlr] *ne m'intimident pas* », répète Petro Terblanche, tout en flegme, dans ce qui ressemble à une déclaration de guerre. La partie est pourtant loin d'être gagnée. Entre lutte et coups bas, lobbying et dépôts de brevet, les mois qui viennent vont être décisifs.

Fille de la ferme

La façade d'Afrigen est faite de briques orangées, à la Brooklyn. Son parc de stationnement déborde de voitures jusqu'à la pelouse et au trottoir d'en face. Le petit labo a grandi vite. Deux autres entrepôts à l'autre bout de la rue ont été investis en renfort pour l'usine flambant neuve. Il y avait urgence. En mai 2020, l'eau a pénétré dans l'ancien hangar, en pleine pandémie. La zone doit pourtant être ultra-aseptisée, sans quoi les certifications chimiques et pharmaceutiques nécessaires à la commercialisation du futur vaccin ne peuvent être attribuées. « *J'en ai pleuré* », confie la directrice, en pantalon rouge, veste noire et haut à pois.

Petro Terblanche a pris la tête du laboratoire en 2018, qui ne comptait alors que huit salariés. De cette époque, elle a gardé des habitudes de patronne de petite entreprise. Elle répond elle-même à ses courriels. Appelle par son prénom chaque membre de son escouade, désormais composée de 122 employés – les deux tiers sont des femmes et la moyenne d'âge de 37 ans. Une boîte colorée de Quality Street illumine son bureau, accolé à la réception, avec vue sur le parking. Deux fauteuils et une modeste table basse se serrent. Elle s'y installe, à la même hauteur que ses convives. Pourtant, devant la cheffe de la résistance et son 1,70 m, on se sent court sur pattes, comme si sa confiance en l'avenir la grandissait. Elle qui, enfant au début des années 1960, a vécu « *pauvrement* » dans une propriété agricole au cœur d'une réserve naturelle du nord de l'Afrique du Sud. De ses aïeux, des Français huguenots chassés par les catholiques, elle a hérité un teint de porcelaine ; de sa langue maternelle, l'afrikaans – ce dialecte dérivé du néerlandais des colons hollandais –, les « r » roulés.

Son père cultivait le tabac, le blé et le soja au milieu des plaines parsemées de grands arbustes, derrière lesquels pouvaient débouler à tout moment un rhinocéros, un gnou ou une girafe. En plein régime ségrégationniste, l'enfant s'amusait avec les filles et fils des ouvriers agricoles noirs de la ferme. « *Ils étaient mes meilleurs amis*, évoque Petro dans un sourire permanent, encadré d'une crinière brune. *Nous jouions au foot, à la poupée, il n'y avait pas de différence entre eux et moi à mes yeux, alors qu'il y en avait bien une dans le pays…* »

VACCIN
BREVET
AFRIGEN

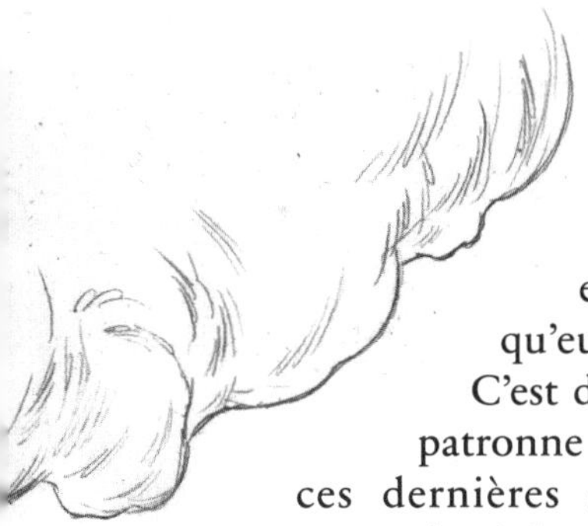

Pas de différence non plus avec ses deux frères, à qui elle a passé ses jeunes années à prouver qu'elle pouvait escalader, monter ânes et chevaux aussi bien qu'eux, si ce n'est mieux. C'est devenu sa passion. La patronne d'Afrigen a secouru ces dernières années sept canassons maltraités par leur propriétaire. Sur une étagère en bois de son QG trônent quatre imposantes figurines chevalines et une ribambelle de trophées argentés d'équitation, aux côtés de statuettes dorées, récompenses de son travail.

La cavalière regrette de ne plus pouvoir pratiquer. Ni s'adonner au footing, elle qui a bravé sans difficulté le mythique marathon de Boston (aux États-Unis) – après un doctorat en cancérologie de l'université de Pretoria, la capitale d'Afrique du Sud, elle a passé six mois à Harvard pour étudier la santé publique internationale. «*J'y étais lorsque Nelson Mandela a été libéré de prison,* se souvient-elle. *Je n'oublierai jamais ce moment… J'étais abasourdie, je suis restée scotchée sur place dans la foule, je n'en revenais pas.*» Un chamboule-tout qui l'a convaincue de rentrer au pays en 1990. Quarante ans plus tard, l'esprit de lutte de Nelson Mandela l'a confortée dans sa décision de se lancer dans cette autre «*longue course*», comme elle qualifie souvent la compétition mondiale aux vaccins.

En février 2021, les Sud-Africains ont d'abord eu accès au vaccin AstraZeneca contre le Covid-19, mais la campagne a été suspendue, du fait d'une efficacité «*limitée*» face au variant local. Puis les doses de Johnson & Johnson sont arrivées, mais 2 millions d'entre elles ont dû être retirées suite à «*un problème de non-conformité*» lors de la fabrication aux États-Unis. Enfin, des négociations houleuses ont abouti à la commande de 20 millions de piqûres Pfizer-BioNTech. En revanche, les habitants du pays n'ont jamais eu droit au vaccin de Moderna, «*le plus performant*» selon Petro Terblanche: celui-ci qu'elle a entrepris de reproduire.

Le marché sud-africain, moins rentable que d'autres, n'était pas la priorité du laboratoire américain. Par précaution, sa direction a quand même déposé un brevet dans le pays pour protéger ses droits de propriété intellectuelle, qui fait que, pendant vingt ans, Moderna peut y jouir du monopole en matière de commercialisation.

D'où cette question: à quoi bon se lancer fin 2020 dans la quête d'un vaccin contre le Covid-19 si les puissants avaient déjà verrouillé la maîtrise de la pandémie alors en cours, voire de celles à venir? Réponse de résistant: pour montrer qu'un petit labo à deux pas du ghetto est capable de maîtriser l'ARN messager, placer l'univers de la science devant le fait accompli et instaurer un rapport de force. Pour créer un précédent, qui ne serait que le début d'une longue série.

Aussi, la technique de l'ARN messager, peu coûteuse, peu demandeuse en

Comme Petro Terblanche, le patron de Moderna a étudié à Harvard. Dix ans après son diplôme, il créait son laboratoire. En concentrant ses recherches sur l'ARN messager, Stéphane Bancel a eu le nez creux.

matière première, est-elle devenue le combat d'Afrigen. Le but de Petro Terblanche: atteindre, et surtout convaincre, Stéphane Bancel, le patron de Moderna, de ne pas faire valoir ses droits de propriété intellectuelle. Comme elle, le Français s'est assis sur les bancs d'Harvard. Une décennie après son diplôme, il créait son laboratoire. En concentrant ses recherches sur l'ARN messager, l'expert en génie chimique et biomoléculaire a eu le nez creux. En 2017, il nouait un partenariat avec les National Institutes of Health (NIH), instituts financés par le gouvernement américain. Jackpot! Stéphane Bancel est devenu milliardaire grâce au Covid-19, collaborant un temps avec l'un des meilleurs immunologistes et virologues au monde: Barney Graham.

Un soir de grâce

Quand le SARS-CoV-2 a émergé, les chercheurs de Moderna et des NIH ont en effet tout simplement transposé les fruits de leurs recherches à ce nouveau virus. De là est né le vaccin contre le Covid-19. Dès janvier 2020, l'entreprise s'est empressée de déposer des brevets pour protéger l'invention. Certains droits de propriété intellectuelle sont codétenus par les NIH. D'autres, non. Sans l'accord de Moderna, impossible pour le gouvernement américain de les partager, alors même que le président Joe Biden s'était prononcé en faveur de la levée temporaire des droits de propriété intellectuelle, réclamée par l'Inde et l'Afrique du Sud.

Le chercheur des NIH, Barney Graham, regrette lui aussi que son ex-partenaire, Stéphane Bancel, ait privatisé ce qui aurait dû être un bien public, selon lui: *«La pandémie aurait pu durer six mois si tout le monde avait été vacciné rapidement. Au lieu de cela, elle va sûrement durer six ans,* insiste le co-inventeur du vaccin. *C'est juste un fait. Ce sont des mathématiques et de l'épidémiologie. C'est logique: si vous pouvez vacciner le monde entier plus rapidement, vous pouvez aplanir la courbe.»* Pour rectifier le tir, ce scientifique très discret, que le magazine américain *Time* a qualifié en 2021 de *«héros»* malgré lui, s'est rapproché à ce moment-là de la seule qui osait affronter le patron de Moderna: Petro Terblanche, avec qui il a en commun d'avoir grandi dans une ferme. De cette union des forces de la nature est né un petit miracle en janvier 2022.

Ce soir de grâce, la plupart des employés ont déjà quitté le laboratoire. Le responsable scientifique d'Afrigen vient trouver Petro Terblanche dans son bureau. Eurêka! Ça y est! Ils ont réussi à reproduire un équivalent du vaccin contre le Covid-19. C'est le tout premier fabriqué sur le sol africain. Petro Terblanche sautille de joie. Ce succès vaut à Afrigen le soutien de l'opinion publique mondiale. Face à la pression et aux ravages de la pandémie, Moderna doit se résigner: la multinationale ne saisira pas les tribunaux pour empêcher l'initiative. Elle ne demandera pas non plus les royalties qui sont habituellement dues quand on emprunte une technologie brevetée. La facture se serait chiffrée à plusieurs centaines de millions d'euros.

Le stratagème de BioNTech, le partenaire germanique de Pfizer, est également déjoué.

«La pandémie aurait pu durer six mois si tout le monde avait été vacciné rapidement. Au lieu de cela, elle va sûrement durer six ans. C'est juste un fait. Ce sont des mathématiques et de l'épidémiologie.»

BARNEY GRAHAM CO-INVENTEUR DU VACCIN MODERNA CONTRE LE COVID-19

> **C'est écrit noir sur blanc dans le registre des lobbyistes du Parlement allemand, la fondation, inconnue du grand public, avait été « mandatée » par BioNTech sans que l'objet de la mission soit précisé.**

Une certaine fondation, kENUP, avait suggéré à l'OMS d'interrompre «*immédiatement*» l'initiative menée au Cap, en mettant en avant des «*perspectives de durabilité défavorables*», dans un rapport que *XXI* s'est procuré. Inconnue du grand public, cette société intervient auprès des institutions européennes et internationales «*pour un nouveau système d'innovation dans le secteur des soins de santé*». C'est écrit noir sur blanc dans le registre des lobbyistes du Parlement allemand, la fondation avait été «*mandatée*» par BioNTech sans que l'objet de la mission soit précisé. Depuis ses bureaux de la Villa Bighi à Malte, Thorsten Kurtz, son directeur, se défend aujourd'hui en invitant à ne pas limiter notre lecture à «*un seul passage de* [leur] *rapport de mission*». Se servir d'un intermédiaire pour brouiller les pistes, voilà un classique des pros en affaires publiques de l'industrie pharmaceutique. Petro Terblanche dit avoir quand même «*été surprise par cet acte de vengeance*»: «*Nous sommes une toute petite entreprise! Nous ne faisons que porter un modèle non conventionnel, et visiblement cela dérange!*»

Avant de jubiler: «*Tout le monde disait que c'était impossible de fabriquer notre propre vaccin contre le Covid-19, que nous n'avions pas tous les équipements nécessaires. Mais, à partir du moment où nous avons produit le premier, j'ai réalisé que rien ne pourrait nous arrêter!*» La concession de Moderna sur le brevet ne vaut cependant que pour ce vaccin-là. Or le plan de la coureuse de fond va au-delà: adapter le procédé pour que, lors d'une nouvelle pandémie, pour une prochaine maladie, les pays pauvres se trouvent moins dépourvus. Et sur ce marché d'avenir infini, Moderna, comme ses grands concurrents, n'est aujourd'hui pas prêt à lâcher sans bras de fer.

Sous la supervision de l'OMS, Afrigen accueille des scientifiques des pays à revenu faible et intermédiaire, mais à fort capital scientifique – du Bangladesh à l'Ukraine, du Brésil au Nigeria, de l'Inde à l'Égypte –, pour passer quelques jours en observation et recevoir des formations. En tout, quinze États ont été sélectionnés par l'Organisation mondiale de la santé. Vetja Haakuria a trouvé un nom mignon pour ce brassage en terre sud-africaine: «*une famille d'innovations*». Ce sage à la barbe grisonnante bardé de diplômes en ingénierie biochimique a quitté sa Namibie natale et son peu d'opportunités professionnelles neuf mois auparavant, pour devenir le responsable du transfert de technologie d'Afrigen. Il chaperonne à présent ces cerveaux qui débarquent dans les locaux explorer des éprouvettes.

L'OMS est une alliée de taille pour mettre en place cette plaque tournante de la coopération en blouse blanche et obtenir des fonds de la communauté internationale. Dans l'optique de reproduire le vaccin contre le Covid-19, Afrigen a recueilli près de 95 millions d'euros. Un pactole à l'échelle d'une petite structure, mais qui ne l'autorise pas à faire des folies pour autant: impossible d'acheter tous les équipements dernier cri de Big Pharma, comme cette sorte d'imprimante géante qui produit des mesures ultra-précises en quelques minutes. «*Nous avons été obligés de jouer aux détectives*», sourit Vetja

Haakuria, dont l'équipe est allée jusqu'à pister et scruter en ligne les photos d'usines américaines ou européennes, pour identifier le bon modèle. *« Heureusement qu'un cliché de Pfizer circulait… »* De toute façon, les petits instituts scientifiques du monde entier qui viennent se former ici ne pourraient pas se l'offrir : autant s'ajuster à leurs moyens et s'entraîner sur des bécanes moins puissantes et beaucoup plus lentes. Que connaissent parfaitement les Indiens, les rois des génériques – les copies à bas coût de traitements brevetés –, qui ont même donné des astuces aux Sud-Africains quand ils y sont venus en formation. Échange de bons procédés.

Alors les équipes d'Afrigen bricolent, inventent, sans se formaliser des coupures de courant quasi quotidiennes au Cap, et d'une durée indéterminée. En 2022, les centrales à charbon vétustes ont privé la population de lumière pendant plus de deux cents jours. Petro Terblanche ne s'en est jamais réellement inquiétée. Après tout, elle est née dans une ferme sans électricité. Et quand l'ensemble des habitations de la ville s'éteignent en contrebas de la majestueuse Table Mountain, dont le plateau se prolonge jusqu'au phare du Cap de Bonne-Espérance, un générateur prend le relais dans les nouveaux locaux du labo.

Goyaves pressées

Des VTC Uber traversent de grandes avenues bordées d'agapanthes bleues, longent les canaux artificiels de l'îlot grignoté par les gratte-ciels, passent par de gigantesques centres commerciaux du nord de la ville en lisière d'un quartier ultrasécurisé. De prime abord, le décor rappelle les banlieues paisibles de Floride pour retraités de luxe. Les chauffeurs déposent les scientifiques les plus renommés du continent au Century City Conference Center. L'Usaid, l'influente agence de développement des États-Unis, organise un colloque sur la vaccination en Afrique. Date historique, ce 6 décembre 2022, presque un an après la mise au point du premier vaccin contre le Covid-19 d'Afrigen. Le Cap se mue en *« ville du siècle »* et de la science.

En cette chaude matinée, des jus d'orange et de goyave fraîchement pressées sont offerts pour affronter le huis clos – les discussions auront lieu dans une pièce sans fenêtre. Les chercheurs sud-africains ont quitté leurs blouses blanches pour de sombres costumes. Seule une poignée de femmes a préféré une tunique traditionnelle en wax taillée sur mesure, confettis de couleur derrière des rangées de bureaux alignés. Sur l'estrade, la professeure Petro Terblanche a opté pour une veste noire, et ses habituelles ballerines. C'est la seule femme à intervenir devant le public. À ses côtés, son complice, Charles Gore, le directeur du Medicines Patent Pool (MPP), organisation soutenue par les Nations unies, qui joue les intermédiaires avec les plus grands labos pour les convaincre d'accorder des dérogations aux pays les moins riches. Le MPP est un allié plus que précieux pour Petro Terblanche et son équipe. Il règle toutes les questions juridiques, cruciales.

« Si cette initiative de transfert de technologie échoue, ce sera un gros revers ! Nous avons une occasion sans précédent de donner les moyens aux pays les moins riches de fabriquer des produits de santé ! »

CHARLES GORE DIRECTEUR DU MPP, INTERMÉDIAIRE ENTRE AFRIGEN ET BIG PHARMA

“Nous portons un modèle non conventionnel, et visiblement ça dérange!”

Charles Gore mène les discussions avec Moderna. Sa mission : s'assurer que l'entreprise américaine n'empêchera pas à l'avenir la commercialisation d'un produit à ARN messager – hors vaccin contre le Covid-19 – *made in* Afrigen. Et sous ses airs de Mr Bean dégingandé, le Britannique possède un indéniable pouvoir de conviction. « *Si cette initiative de transfert de technologie échoue, ce sera un gros revers !* s'enflamme-t-il en parlant du petit labo devant un public qui se réveille d'un coup. *Nous avons une occasion sans précédent de donner les moyens aux pays les moins riches de fabriquer des produits de santé !* » Tonnerre d'applaudissements.

Nelson Mandela est dans tous les esprits. C'est ce dernier qui, il y a vingt-cinq ans, a mené la toute première bataille juridique contre les laboratoires pharmaceutiques. Après sa victoire à l'élection présidentielle – une élection multiraciale, sans précédent –, fort de son passé d'avocat, il a fait assouplir la loi sur les médicaments, facilitant l'accès aux génériques. « *C'est le seul dirigeant politique au monde à s'être attaqué aussi frontalement au droit de la propriété intellectuelle, et donc à l'industrie pharmaceutique* », souligne Petro Terblanche lors du colloque, en aparté.

Évidemment, la bataille ne fut pas de tout repos. En mars 2001 s'ouvrait le procès de Pretoria, où 39 mastodontes du secteur attaquaient le président sud-africain, dont ils estimaient que la loi de 1997, autorisant les médicaments génériques, violaient les droits des brevets. Mais poursuivre le Prix Nobel de la paix n'était pas l'idée du siècle, et les retombées médiatiques se sont révélées désastreuses pour les grands labos, qui ont fini par retirer leur plainte un mois plus tard. Petro Terblanche en rit encore. La loi de Mandela est entrée en application en 2003, ouvrant l'accès aux traitements à moindre coût contre le virus d'immunodéficience humaine (VIH), qui ravageait alors l'Afrique du Sud. Depuis, le pays est devenu LA destination pour tous les associatifs et militants désireux de se former à la fronde contre Big Pharma.

Costume gris et cravate aux couleurs du drapeau de son pays – rouge, jaune, blanc et vert –, Mmboneni Muofhe, directeur général adjoint au ministère des Sciences et de l'Innovation sud-africain, est un défenseur d'Afrigen de la première heure : « *On ne s'attendait pas à ce que tout le monde soutienne une telle initiative de partage. Mais…* » L'homme s'interrompt subitement. Des flashes se mettent à crépiter à une dizaine de mètres de lui. Une escorte de gardes du corps aux épaules de compétition s'avance, oreillette en tortillon. Surprise ! C'est Cyril Ramaphosa en personne, le président de la République sud-africaine.

Le briscard de 70 ans est l'un des seuls chefs d'État au monde à avoir publiquement fustigé les grands fabricants de vaccins contre le Covid-19, et à s'être plaint d'avoir été placé « *dernier de la file d'attente* ». L'ancien syndicaliste devenu millionnaire, président du Congrès national africain (le parti de Nelson Mandela) et héros de la lutte antiségrégationniste a trouvé le temps de faire une apparition au colloque,

Après sa victoire à l'élection présidentielle, Mandela a fait assouplir la loi sur les médicaments, facilitant l'accès aux génériques. Le pays est devenu LA destination pour tous les militants.

PFIZER
NTECH
MODERNA
PFIZER
VACCIN

en pleine tempête médiatique. Cinq jours plus tôt, une commission indépendante mandatée par le Parlement a publié un rapport ouvrant la voie à une procédure de destitution pour violation de la Constitution et d'une loi anti-corruption. Rien que ça.

Le président accorde quelques minutes à l'équipe d'Afrigen. Et c'est tout un symbole. Caryn Fenner saisit l'occasion pour aller à l'essentiel. Docteure en biotechnologie, la directrice exécutive à la narine ornée d'un anneau explique que l'entreprise a besoin désormais du soutien politique pour passer à la vitesse supérieure et peser dans le secteur. «*La chose la plus importante est d'avoir commencé*», répond le président. Très vite, l'ancien enfant du bidonville de Soweto s'éloigne du stand, non sans avoir serré toutes les mains des membres de l'équipe, la laissant «*delighted*», comme dirait Petro Terblanche, le mot qu'elle emploie le plus, elle qui semble éternellement ravie.

Souliers léopard

Au QG d'Afrigen, les deux femmes du groupe des visiteurs tunisiens enfilent des chaussons de protection sur leurs souliers, léopard pour l'une, vernis pour l'autre. Leurs yeux se font rieurs quand leur chaperon, Vetja Haakuria, leur tend une blouse blanche «*VIP*». Traduire «*very important person*» en arabe fait sourire le petit groupe: pour une fois, ce sont eux les invités de marque, incroyable! Il faut immortaliser le moment par une photo de famille.

Les experts tunisiens en production de vaccins ont pu faire le déplacement, contrairement à leurs homologues sénégalais, alors que l'OMS avait prévu de longue date ce doublé de formation. Mais les autorités sud-africaines leur ont proposé un visa pour mai 2023, soit six mois après la session. D'où l'intérêt de bénéficier désormais de l'adoubement de la présidence de la République. Un tel appui va pouvoir soulager l'équipe des lourdeurs administratives du pays.

En attendant, les Tunisiens ont droit à un tour du labo en comité réduit et enchaînent les questions dans un anglais hésitant. Ils sont venus pour inspecter du sol au plafond, façon visite de chantier. Repérer les systèmes de filtrages – le gage de la pureté de l'air. S'interroger sur la possibilité de déplacer les cloisons pour faire entrer le matériel: la tuyauterie interne, mais aussi la cuve en inox de 200 litres – l'équivalent d'un ballon d'eau chaude pour une famille de quatre personnes. Celle-ci suffirait à produire des milliers de vaccins à ARN messager, aujourd'hui contre le Covid-19, demain contre le sida, la tuberculose ou la malaria, qui sait...

À l'Institut Pasteur de Tunis, les trois ingénieurs et techniciens en biotechnologie œuvrent pour que les expériences du quatrième de la bande, l'immunologiste Chaouki Benabdessalem, puissent passer du stade des éprouvettes à celui de la chaîne de production, en obtenant les certifications. Aucune bactérie ne doit s'immiscer. Aussi prennent-ils des notes en continu, soucieux de rapporter la notice la plus complète possible.

Pour eux, ce voyage professionnel est une première. En revanche, Chaouki Benabdessalem, cheveux et chemise parfaitement taillés, est un habitué des congrès dans le monde entier. Il avait d'ailleurs déjà fait une halte au Cap il y a dix ans, alors postdoc,

Les ingénieurs tunisiens sont venus pour inspecter du sol au plafond, façon visite de chantier. Ils prennent des notes en continu, soucieux de rapporter la notice la plus complète possible.

Autant la patronne fuit les cocktails mondains, autant elle aime recevoir. Et aujourd'hui, c'est ambiance guingette sur le parking de l'usine.

pour une rencontre scientifique. Hébergé dans un hôtel bâti à l'intérieur d'un gigantesque centre commercial, il y avait *« entendu les premiers tirs de feu de* [sa] *vie… Et les derniers d'ailleurs. Dans le mall, ça criait "shotguns, shotguns". Il s'agissait du braquage d'une bijouterie, tout le monde avait fui »*. Depuis, le pays a visiblement bien changé. Pas forcément sur le terrain de la sûreté, au moins sur celui de la science, où il a encore gagné en attractivité, constate le chercheur. Lui qui étudie la façon dont notre corps combat les virus attend beaucoup de cette session : *« En soi, la technologie de l'ARN messager n'est pas très compliquée. Mais le fait d'avoir sous la main des personnes ressources, de pouvoir leur poser des questions directement, de voir de près tout ce que l'on a appris en théorie, est une chance inestimable. »* Du haut de ses 46 ans, il est le doyen de l'équipe, de peu. Et esquisse un bref sourire quand les trois autres glissent en douce une blague, sans pour autant se disperser.

Le spécialiste a pris conscience du pouvoir de cette technologie en 2018 lors d'un colloque en Inde. À son retour, il a même déposé un brevet dans son pays sur l'application possible de l'ARN messager pour lutter contre la tuberculose – qui se transmet par voie aérienne et peut provoquer la mort si elle n'est pas soignée. Durant la pandémie, la Tunisie a reçu des dons de vaccins Moderna grâce à l'un de ces programmes pilotés dans l'urgence par l'OMS qui ont déculpabilisé les pays riches, sans autonomiser les plus pauvres. *« Pour nous, l'inégal accès aux produits de santé n'est pas nouveau,* témoigne l'immunologiste. *En Tunisie, beaucoup sont trop chers, notamment pour traiter les cancers ou les maladies chroniques. »*

Les visiteurs tunisiens ont dû sauter dans leur avion juste après la formation, sans même avoir l'occasion de participer aux festivités. Qu'à cela ne tienne, Petro Terblanche est surexcitée ce soir, rayonnante dans son chemisier bleu canard et son pantalon imitation cuir. Autant elle fuit les cocktails mondains, autant elle aime recevoir. Et aujourd'hui, c'est relâche sur le parking de l'usine. Ambiance guinguette sur bitume, à la bonne franquette. La patronne a prévu d'immenses coupes de sauvignon blanc produit tout près du Cap, héritage des huguenots qui ont importé les cépages de l'Hexagone à partir du XVIIe siècle.

Et voici du beau monde qui arrive. Des représentants de laboratoires pharmaceutiques, notamment du colosse américain MSD, comme d'éminents militants de l'accès équitable aux produits de santé. Fatima Hassan, avocate de formation et fondatrice de la Health Justice Initiative, vient *« soutenir Afrigen et* [s]*'assurer que Moderna ne fasse pas tout foirer »*.

« Il y a des gens que je ne connais pas ! », panique Petro, qui se replie précipitamment à l'intérieur – elle adore inviter mais se montre timide en dehors de son cercle rapproché. Avant de se reprendre et d'inviter à se saisir d'une coupe, en souriant et saluant. *« Est-ce que ça aura encore de l'importance demain ? »*, lui demandait toujours son père. Petro essaie d'appliquer tous les jours *« cette façon sage de penser »*. Alors, oui, elle va se mêler aux convives et profiter de la soirée. Parce que *« cette initiative de partage de connaissances sur l'ARN messager représente probablement le plus grand transfert de technologie de l'histoire »*. Elle montre son bras sous son chemisier replié : *« J'en ai la chair de poule ! »* XXI

« Afrigen démontre qu'il est possible de partager une technologie sans brevet »

Marie-Paule Kieny, virologue et experte en santé publique, préside le Medicines Patent Pool (MPP), fondation partenaire d'Afrigen, qui facilite l'accès aux traitements dans les pays les moins riches.

XXI Comment rendre davantage accessibles les produits de santé aux pays les plus pauvres ?
Ces pays souffrent de ne pas obtenir de médicaments rapidement, à des tarifs qui leur soient abordables compte tenu de la loi des marchés et des brevets : pendant les premières années de commercialisation, le producteur a le monopole et applique des prix élevés. Les traitements existent mais ils sont trop chers pour les pays pauvres. D'où la création du MPP en 2010, soutenue par l'ONU. Notre fondation passe des accords avec les fabricants de médicaments pour qu'ils octroient une licence, donc un droit à reproduire leur traitement breveté, sur un territoire donné. L'enjeu est de les convaincre d'élargir le plus possible la zone géographique couverte. Souvent, le MPP parvient à négocier que toute l'Afrique soit concernée. Pour les autres territoires, cela dépend. L'idée est que la concurrence se développe entre des fabricants de génériques, qui reproduisent les médicaments de marque, ce qui fait chuter les prix dans les pays à revenu faible et intermédiaire.
Le Covid-19 a montré qu'il était important de renforcer les capacités de production locales et donc de soutenir les industries pharmaceutiques de pays comme l'Afrique du Sud.

Quel rôle l'Afrique du Sud a-t-elle joué par le passé dans ce mouvement d'accès plus équitable aux produits de santé ?
Le MPP a obtenu ses premiers succès en permettant l'accès à des tarifs abordables de traitements pour lutter contre le VIH. Dans cette conquête, le « procès de Pretoria » en 2001, qui a brièvement opposé les plus grandes entreprises pharmaceutiques mondiales au président de l'Afrique du Sud, a été un moment crucial. C'est là que le virus faisait le plus de ravages, en proportion de la population. Le mouvement de protestation initié par Nelson Mandela et la société civile a fait prendre conscience au monde entier qu'il n'était pas possible que la maladie soit au sud et les traitements au nord. Les Sud-Africains ont pointé du doigt les industries pharmaceutiques, dont la conduite a été jugée exécrable. Cette mauvaise publicité a convaincu les grands laboratoires de faciliter l'accès aux produits de santé en acceptant l'arrivée de la concurrence dans les pays les moins riches.

Comment parvenez-vous à vous glisser entre l'industrie et la société civile ?
D'un côté, l'industrie pharmaceutique agit en fonction de ses propres intérêts, et surtout afin de maximiser ses profits. De l'autre, les gouvernements et la société civile essaient de maximiser l'accès aux produits de santé. Le MPP est parfois critiqué par des organisations ou des associations, qui estiment qu'en se saisissant du droit de propriété intellectuelle sans demander l'abolition des brevets, le MPP empêche de renverser la table. En tout cas, le MPP se veut un acteur majeur pour élargir l'accès aux médicaments, dans une démarche « gagnant pour les patients – gagnant pour les financeurs – gagnant pour l'industrie », sans pour autant s'attaquer au système des brevets.

Quelles sont les leçons à tirer de l'inégal accès au vaccin contre le Covid-19 dans le monde ?
Cela a été une erreur de considérer le vaccin simplement comme un bien commercial. Afin de garantir un premier approvisionnement équitable, les États auraient dû dire aux entreprises

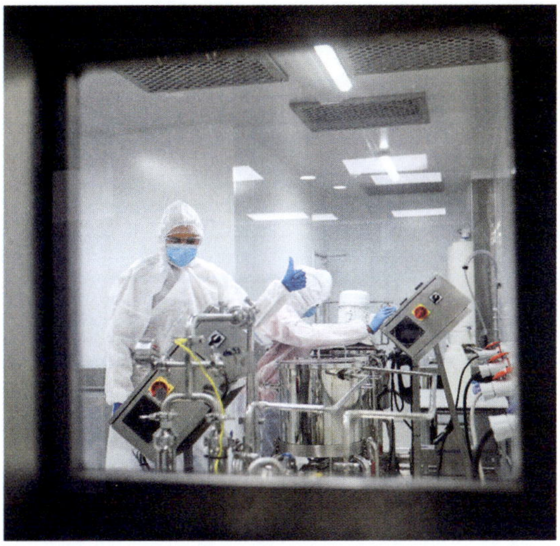

La petite équipe de Petro Terblanche (ici, en juin 2021) a travaillé pendant un an pour reproduire le vaccin Moderna.

SUMAYA HISHAM / REUTERS

pharmaceutiques : *« D'accord, nous allons vous acheter à prix d'or vos vaccins mais, en contrepartie, vous devez mettre à disposition de l'OMS 10 % de votre production en temps réel, gratuitement, pour la distribution d'urgence dans les pays les plus pauvres ».* Il faudrait travailler dès à présent à un accord qui le prévoirait pour les pandémies à venir. Les négociations ont été menées dans l'urgence, or, dans la précipitation, on n'a souvent pas le choix.

À long terme, l'autonomisation des pays à revenu moins élevé représente-t-elle une solution réaliste pour lutter contre les pandémies à venir ?

Quand un produit devient rare et très demandé, ce qui est le cas d'un vaccin pendant une pandémie, les régions qui n'ont pas les capacités de production ont du mal à l'obtenir. L'ARN messager est une technologie intéressante car elle est rapide à développer et facilement adaptable à différentes maladies. Il s'agit d'un bon outil pour répondre à une urgence. La maîtriser est indispensable en cas de survenue d'une nouvelle pandémie. C'est l'Afrique du Sud qui a fait pression, avec l'Inde, pour demander la suspension des droits de propriété intellectuelle sur les produits permettant de lutter contre le Covid-19. Il s'agissait donc du pays idéal pour mener le projet de transfert de technologie sur l'ARN messager porté par Afrigen. Par ailleurs, l'Afrique du Sud a une capacité technique sans commune mesure avec celle des autres nations du continent. Elle possède une industrie du médicament, des biotechnologies et une recherche publique de qualité.

La démarche d'Afrigen, qui forme des scientifiques d'autres pays à la technologie de l'ARN messager, est-elle la preuve ultime que d'autres modèles sont possibles ?

La démarche d'Afrigen est primordiale. Elle montre qu'il est possible de partager une technologie sans brevet. C'est un modèle unique. Mais, sur les quinze pays partenaires du laboratoire, on ne sait pas combien vont réussir à aller jusqu'au bout, en produisant leur propre vaccin à ARN messager contre le Covid-19, tant il y a de facteurs financiers et politiques qui entrent en jeu. Il faudrait qu'il y ait au moins 30 % de succès. L'OMS aimerait généraliser cette expérimentation par la suite. Néanmoins, passer à l'échelle supérieure, avec d'autres produits permettant de lutter contre la tuberculose, par exemple, c'est encore un nouveau défi… qui demande d'obtenir d'importants soutiens et financements.

PROPOS RECUEILLIS PAR ROZENN LE SAINT

« Cela a été une erreur de considérer le vaccin contre le Covid-19 simplement comme un bien commercial. »

Le Cap à roulettes

Pour circuler au Cap en toute sécurité et sans me contenter du paysage de carte postale, je chausse mes patins à roulettes, fidèles compagnons de voyage. Je longe le bord de mer en slalomant entre des bancs de sportifs, blancs majoritairement, accros à la marche dynamique matinale, dans le quartier de Green Point, coiffé de l'imposant stade du Cap. J'aperçois même l'équipe des Lions s'échauffer juste avant le coup d'envoi. C'est jour de match, et le rugby est le sport national. Alors quand, six kilomètres plus loin, je discerne une clameur, je pense naïvement à un premier essai marqué. En m'approchant à contre-courant des cris, je croise des grappes de gamins s'échappant les yeux écarquillés, un étrange sourire amusé aux lèvres. Je ne m'attendais pas à trouver à l'origine de ce mouvement de foule deux hommes se menaçant chacun d'une hache. Je fuis à mon tour cette scène de violence ordinaire et trouve refuge à un petit pâté de bicoques, au marché du samedi du Old Biscuit Mill, repaire de bobos du centre-ville. Seul le quartier musulman, Bo-Kaap, aux pentes revêtues de pavés, a raison de mes patins. Alors que nous y dînons avec l'équipe d'Afrigen et ses visiteurs tunisiens, par chance, aucune coupure d'électricité n'interrompt un autre match, de la Coupe du monde de football cette fois. Le Maroc se qualifie en quart de finale. La victoire de tout un continent se fait entendre au restaurant. Le fait que la rébellion vienne de l'Afrique, le continent le moins bien doté en infrastructures de production de médicaments, c'est ce qui m'a le plus plu dans cette histoire, où les rôles s'inversent. Pendant la pandémie, le petit labo Afrigen a été le seul au monde qui ait osé s'opposer aux géants pharmaceutiques. **ROZENN LE SAINT**

Trois mousquetaires contre le sida

Cette photo raconte à elle seule l'aboutissement du combat des trois acteurs les plus impliqués dans la lutte contre le sida en Afrique du Sud, à savoir l'accès à des médicaments à des tarifs abordables. La scène a lieu le 12 décembre 2002, à l'occasion de la visite de Nelson Mandela, ancien président sud-africain, dans le deuxième plus grand bidonville du pays après Soweto, Khayelitsha, au Cap. D'abord, Fareed Abdullah (à droite), médecin devenu directeur au Conseil sud-africain de la recherche médicale et chef du programme VIH de la province du Cap-Occidental. Il soutient les deux autres en les prévenant des opérations de perquisition à venir sur des médicaments importés clandestinement. Éric Goemaere (deuxième à gauche), le médecin sans frontières qui fait venir les remèdes de l'étranger, et Zackie Achmat (premier à gauche), le malade du sida qui, depuis 1998, refuse de prendre un traitement tant que l'ensemble des citoyens n'y ont pas accès. Ce jour de printemps, Nelson Mandela n'hésite pas à arborer le t-shirt siglé « HIV positive » pour soutenir la bataille des militants contre la stigmatisation des séropositifs. Dans les *townships*, des assassinats en série de malades du sida marquent le pays, qui n'a pas les moyens de se procurer les médicaments hors de prix. L'exécutif post-Mandela s'enfonce dans le déni, met en doute l'efficacité des traitements venus de l'Occident, faute d'avoir les moyens de s'en procurer. Les contaminations flambent. Mais ces activistes réussissent à se procurer des remèdes illégalement grâce à des pays producteurs de génériques, et prouvent leur efficacité aux autorités publiques en lançant des expérimentations clandestines à Khayelitsha où les habitants infectés, volontaires, espèrent ainsi survivre. Grâce à cette lutte, aujourd'hui, près des trois quarts des Sud-Africains séropositifs sont sous traitement, selon le South African Medical Research Council. Et Zackie Achmat, depuis qu'il se soigne, est rayonnant. R. L. S.

Zackie Achmat (à g.), Nelson Mandela (au centre) et Fareed Abdullah (à d.), le 12 décembre 2002.

La pharmacie des pays pauvres

Au sein de l'Organisation mondiale du commerce (OMC), les laboratoires pharmaceutiques bénéficient d'un monopole sur les nouveaux traitements qu'ils commercialisent, pendant vingt ans à partir de la date de dépôt du brevet, dans tous les pays membres. Néanmoins, des dérogations sont possibles pour les nations les moins riches, afin que leur population accède à des médicaments équivalents moins onéreux: les génériques. C'est ainsi que l'Inde, qui a fait son entrée à l'OMC en 1995, s'est affranchie jusqu'en 2005 de la politique classique des brevets. Cette décennie de répit lui a permis d'acquérir de l'expérience en copie de médicaments au point que son industrie pharmaceutique est devenue la troisième du globe et qu'on la surnomme *« la pharmacie du tiers-monde »*, voire *« du monde »*.

L'Afrique du Sud intègre aussi l'OMC en 1995, alors qu'elle sort tout juste de l'apartheid et de l'embargo imposé par la communauté internationale. Après cette période de sanctions, le pays entend se placer sur les rangs de l'économie de marché mondiale sans faire de vague. Mais pas au point de subir le chantage au prix imposé par les laboratoires pharmaceutiques. Après l'abandon des charges de Big Pharma contre le président de l'époque, Nelson Mandela, et la fin du « procès de Pretoria » en 2001, la loi qu'il a portée, facilitant l'accès aux génériques, entre en application. En Afrique du Sud, *« j'ai appris à utiliser le droit contre l'industrie pharmaceutique et je m'en sers toujours aujourd'hui »*, assure Wilbert Bannenberg, président de l'association hollandaise de lutte pour un accès équitable aux médicaments, la Pharmaceutical Accountability Foundation. Il a conseillé le ministère de la Santé sud-africain de 1996 à 2003. Avant de quitter son poste, il s'est assuré que les entreprises pharmaceutiques ne s'opposent pas à l'importation des génériques contre le sida *made in India*.

L'étape suivante, c'est l'autonomisation des pays à revenu faible et intermédiaire, soit à peu près la moitié de la population du globe. À partir de la fin des années 1990, l'Inde devient un centre de transfert de connaissances pour les scientifiques de ces pays. L'Afrique du Sud est bonne élève : en vingt ans, elle consolide son savoir-faire et devient une grande terre de production pharmaceutique. La firme Aspen, installée à Durban, est leader du marché des génériques. Aujourd'hui, l'Afrique du Sud joue le rôle de formatrice qu'assurait l'Inde hier. Avec une option supplémentaire: le maniement de l'arme du droit contre Big Pharma, spécialité des militants sud-africains. **R. L. S.**

ERIC MILLER

À lire, à voir

Un été blanc et noir
de Frédéric Couderc
éd. Flammarion, 2013
Roman à suspense qui se déroule au Cap en plein apartheid, à la fin des années 1960. En arrière-plan, l'emprisonnement de Nelson Mandela sur l'île de Robben, au large de la ville, et la première greffe du cœur au monde : ce fait historique témoigne de l'expertise scientifique sud-africaine, notamment dans le domaine de la santé.

Un long chemin vers la liberté
de Nelson Mandela
éd. Fayard, 1995
Autobiographie du militant contre la ségrégation raciale élu Prix Nobel de la paix en 1993. Il relate l'ouverture du premier cabinet d'avocats noirs du pays, la lutte anti-apartheid, ses vingt-sept ans de prison et sa libération sous le signe de la réconciliation.

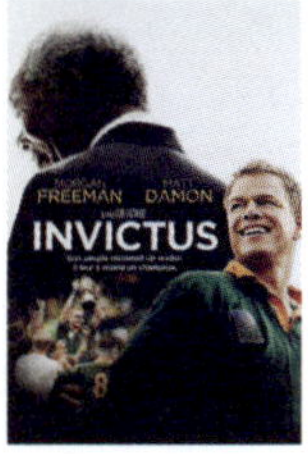

Invictus
film de Clint Eastwood, 2009
Dans les années post-apartheid, Nelson Mandela mise sur l'équipe nationale de rugby comme symbole de la nécessaire unification du pays.

120 battements par minute
film de Robin Campillo, 2017
Au début des années 1990, les militants d'Act Up-Paris se battent pour la prévention des infections au VIH, et affrontent l'État et les labos pharmaceutiques pour avoir accès aux traitements contre le sida, à coups de happenings chocs.

PROD.
WOOD
DIRECTOR
DATE

Et Nollywood créa la femme puissante

L'INDUSTRIE NIGÉRIANE DU CINÉMA SE FÉMINISE. ÉVOLUTION : OUI. ÉMANCIPATION : PAS SÛR. CAR BIEN QUE DEVENUES PUISSANTES, ACTRICES ET PRODUCTRICES N'ONT PAS ENCORE BOUSCULÉ LES CODES DU PATRIARCAT.

Par Jenna Le Bras et François Hume-Ferkatadji
Illustrations Rocco

P*ourquoi les femmes se battent toujours à cause des hommes ?* » Docteur Love se tient debout devant un miroir en pied. Son air est grave. Winifred et Paul, les sourcils exagérément froncés, observent leur patronne en silence. « *Les hommes ont toujours été vos trophées, honey,* lancine Paul en lui passant une ceinture à gros mousqueton siglé LV – pour Louis Vuitton – à la taille. *Que dites-vous de cette robe, ma queen ?* »

« *Cut !* » Le réalisateur relève ses petits yeux enfoncés du moniteur de contrôle en s'essuyant le visage. « *On va la refaire, plus solennelle, plus mystérieuse…* » Il sue à grosses gouttes. Autour de lui, assistants-opérateurs, accessoiristes, ensembliers, comédiens et régisseurs se jettent des regards d'un air entendu : on étouffe ici, et cette scène ne sonne pas très juste. On est sûrs pour la tenue bariolée de Paul, le personnage du styliste personnel de la docteure ? Ou est-ce l'assistante, incarnée par la superbe Kiki Omeili, qui est trop charismatique à côté de l'actrice vedette ? Mais le texte, c'est bon, non ?

La série n'est pas encore en boîte qu'elle est déjà annoncée comme la sensation de l'hiver : *Dr Love* – du nom du personnage principal – raconte les aventures d'une psychologue-star, qui aide les couples à piloter leurs relations amoureuses, alors qu'elle-même est en proie aux doutes dans un mariage dysfonctionnel. « *Rafraîchissant* », « *révolutionnaire* », « *féministe* », titrait déjà, deux ans avant la diffusion, la presse nigériane, qui prédisait un carton.

« *Allez, on reprend. Shhhh ! Shhhh ! Eh, s'il vous plaît !… Rolling… Shhhh… Action !* »

« *Pourquoi les femmes se battent toujours à cause des hommes… ?* », exhale l'actrice, avec plus d'intensité encore. Mais soudain, sa moue frétille légèrement. Ce petit mouvement, presque imperceptible, reste suspendu à ses lèvres enduites de gloss. Un silence aussi furtif qu'assourdissant. Autour d'elle, tous les techniciens retiennent leur souffle. « *Maaaaake uuuuuuup !* » [« Maquillage », ndlr]. Soupir général. Ça, ça n'est pas dans le texte. « *Cut ! Cut !* »

Une trentaine de personnes est agglutinée dans la pièce. Toute petite, celle-ci fait office à la fois de plateau de tournage, de débarras, de box pour le matériel, de dressing, de studio de maquillage et de coiffure. À chaque « *clap !* », tout le monde s'accroupit derrière le mobilier pour ne pas apparaître dans le champ des deux petites caméras. L'air est moite. Ça sent le fauve et la laque à perruques.

« *Remettez-moi cette clim', regardez mon front, je briiiiille !* geint la vedette. *Oh my Gosh !* »

Des têtes réapparaissent timidement de sous les tables et les portants. Une petite femme rondouillarde bataille contre le mur d'épaules pour se frayer un chemin. Elle arrive clopinant, brandissant tel un laissez-passer au-dessus de sa tête un ventilateur portable rose bonbon flanqué d'oreilles de chat. Uche Jombo, la star de la prochaine série événement de Canal+ Afrique, s'affale dans le canapé en skaï qui couine, et pousse des grands soupirs :

« *Il fait trop chaud ici !*

— *On ne peut pas laisser la clim' allumée pendant les prises, mommy, elle fait trop de bruit* », lui glisse la maquilleuse.

Le réalisateur se pince l'arête du nez en maugréant. « *Bon, en fait, on va garder cette prise, on passe à la prochaine scène, faut qu'on avance, là !* » Les caméras glissent sur des rails branlants au milieu des fils emmêlés. « *Pardon, pardon…* », souffle l'un des caméramen pour faire de la place. De derrière un rideau, un petit maigrichon à casquette bondit avec le scénario gros comme un bottin : « *Darling, c'est bon, on reprend ?* » Mais l'une des figurantes n'aime pas son postiche court et profite de ce battement pour en négocier l'échange contre une tignasse lissée à la japonaise qui cascade jusqu'aux reins. Steven Chucks, le jeune comédien qui joue le rôle de Paul, le styliste efféminé, veut absolument desserrer les tresses qui lui courent sur le crâne. « *Qui a pris la veste saumon !?* », vocifère l'habilleuse – celle de la vraie vie – pendant que celui de la fiction cherche encore le petit short arc-en-ciel qu'il a repéré dans un barda de sapes jetées sur le sol.

> À chaque « clap ! », tout le monde s'accroupit derrière le mobilier pour ne pas apparaître dans le champ. L'air est moite. Ça sent le fauve et la laque à perruques.

« *Allez, on finit cette séquence, et après on fait une pause* », supplie le réal' en joignant ses mains baguées en prière.

Escarpins fuchsia sur lino décrépi

Mais Uche n'écoute plus. Le nez tout juste repoudré, la perruque rousse lissée, le bras tendu devant son visage, elle fait la moue face à l'écran de son téléphone : « *Je m'adooore aujourd'hui !* » Snap, snap, snap ! Les selfies pris en rafale sont postés directement sur Instagram. Légende : « *Love's hair porn on #DrLoveSerie set* ».

« *La bouffe est arrivée ?* lance la star à la cantonade en balançant ses escarpins fuchsia sur le lino décrépi, ***I dey hungry !*** » [« j'ai trop la dalle » en pidgin, la lingua franca au Nigeria, mélange d'anglais et de créole, ndlr]. Ici, c'est elle qui décide : elle est la productrice, la créatrice de la série, le personnage principal. Et s'improvise aussi responsable de com' sur les réseaux sociaux, styliste, assistante de production et même régisseuse quand le riz jollof met trop de temps à arriver. C'est elle qui s'est personnellement occupée du casting et de trouver les lieux du tournage. Dans ce désordre bruyant mais bon enfant, comédiens, prestataires, équipe de tournage, gardes du corps, assistants et simples curieux dont le réseau permet un passe-droit se meuvent, s'entrechoquent, se confondent, et tant pis si ça fait monter le plateau de quelques degrés et pas mal de décibels.

Poids lourd de l'industrie du cinéma nigérian depuis vingt-cinq ans, Uche Jombo est l'une des actrices les plus aimées mais aussi de celles les plus grassement payées aujourd'hui. Assise sur un petit pactole : plus de deux millions de dollars (1,9 millions d'euros) de liquidités selon les classements financiers dont la presse du pays raffole, une villa dans les beaux quartiers de Lagos, plusieurs voitures de luxe et une résidence à Boston aux États-Unis. « *Dans un pays où tout s'achète et se paie, c'est pas négligeable…* », glisse discrètement un assistant-réalisateur.

Celle qui a commencé en 1999 par des films gravés sur DivX vendus à la sauvette au marché de Balogun a rapidement accédé au petit écran. D'abord dans des productions de piètre qualité – *Visa to Hell* (1999) ou *Girls Hostel* (2000) – à l'époque où le cinéma nigérian était surtout connu pour sa facture artisanale digne des séries Z. Puis avec les gros succès nationaux *Love Games* (2009) et *After the Proposal* (2015), elle s'est taillé une place de choix dans les salons familiaux et le cœur de ses concitoyens. La suite est classique. Tête d'affiche de films et de séries que les pirates s'arrachent, Uche est devenue le visage de boîtes à gros contrats d'égérie : entreprises de téléphonie et déodorants lui ont permis d'amasser la majeure partie de son fric. Repérée par hasard alors qu'elle accompagnait une copine à un casting à tout juste 19 ans en 1998, la vedette peut désormais s'offrir le luxe d'écrire et de produire elle-même les comédies romantiques dans lesquelles elle tient l'affiche.

Et avec cette nouvelle série, elle s'assure de plier un peu plus le *game* : « *Ça ne s'est jamais vu jusqu'à présent, de proposer un personnage féminin aussi subtil : la femme qui a tout pour être heureuse, belle, riche, célèbre, mariée… mais qui, en réalité, est pleine de démons. Mon idée est révolutionnaire* », explique très sérieusement la quadragénaire entre deux prises. Certes, le personnage de la femme torturée à qui pourtant tout réussit est un classique déjà éculé des séries occidentales – on pense à *Sex & the City* ou *Gypsy*. Mais pas ici. « *C'est un rôle qui me parle. Le cinéma est un milieu impitoyable et ces contradictions sont taboues. Au Nigeria, il ne faut jamais laisser le moindre doute sur comment tu te sens, ne jamais parler de tes problèmes. Il faut toujours mentir, dire que tout va bien, sinon tu te fais écraser. A fortiori quand tu es une femme !* »

Uche Jombo est l'exemple parfait des femmes fières et influentes, aussi voraces que sympathiques, qui se sont imposées face à des hommes trop occupés en politique.

Régulièrement descendue en flèche dans les magazines *people* à cause de supposées infidélités au sein de son couple, Uche Jombo a fui le Nigeria et ses carcans il y a longtemps. Installée aux États-Unis, elle ne revient au pays que durant de courtes périodes pour travailler, laissant à Boston mari et enfant. Indépendante, stylée, nantie, discrète aussi, l'actrice est l'exemple parfait des femmes fières et influentes, aussi voraces que sympathiques, qui se sont imposées sur les plateaux de tournage, face à des hommes trop occupés à chercher la reconnaissance politique et accumuler des « pétro-naïras ».

Productrices, réalisatrices, actrices, scénaristes… Un modèle de réussite et d'égalité? Uche Jombo tique: «*Non, la vérité c'est que c'est toujours très compliqué.*» Car, derrière le discours féministe affiché, en coulisses, ces femmes jouent – parfois malgré elles, parfois à dessein – le jeu d'une société classiste, patriarcale et plus inégalitaire que jamais.

Histoires tournées et montées à la va-vite

Né dans les rues de Lagos à la fin des années 1980, le cinéma nigérian se résume alors à des productions amateurs, déversées tous les lundis par dizaines sur les marchés de la ville. D'abord vendu en VHS, et plus tard gravé sur des CD glissés dans des feuilles de papier A4, imprimées en couleur et plastifiées, ce petit cinéma bas de gamme rencontre très vite un succès fou alors que les salles obscures n'existent quasiment plus dans le pays.

À la même période, le Nigeria connaît des avancées économiques importantes et une relative démocratisation de sa vie politique et culturelle. Les premiers caméscopes japonais bon marché sont importés. Tandis que de nombreux prisonniers politiques sont libérés. Parmi eux, des artistes, qui investissent le secteur. En 1992 sort le film qui devient la référence des acteurs et réalisateurs en herbe. Réalisé par Okechukwu (dit «Okey») Ogunjiofor et Chris Obi Rapu, deux vendeurs de rue passionnés, *Living in Bondage* est tourné en quelques jours grâce à un emprunt de 1 000 dollars (934 euros). Malgré le piratage, le long-métrage de presque trois heures en rapporte 140 000 (131 000 euros).

Affublé du N de Nigeria, «Nollywood», clin d'œil aux plus grosses industries cinématographiques mondiales que sont Hollywood et Bollywood, voit le jour. On se délecte de ces histoires tournées et montées à la va-vite, sans moyens techniques, avec des acteurs non professionnels, qui mettent en scène le quotidien de millions de Nigérians, issus de différentes ethnies et parlant les multiples langues locales: yoruba, igbo, haoussa, pidgin, etc. Cette industrie naissante et sans chichi capture les drames amoureux, les galères financières, les trahisons amicales, les dilemmes familiaux ou encore les ratés du «juju» – la sorcellerie. En une décennie, les films amateurs à mini-budget se hissent au deuxième rang mondial de la production cinématographique avec plus de 2 000 œuvres réalisées chaque année. Le secteur devient pourvoyeur de plus de 300 000 emplois directs et un outil de rayonnement culturel qui compte pour 2% du PIB du Nigeria, selon les données de la Banque mondiale.

> Cette industrie naissante et sans chichi capture les drames amoureux, les galères financières, ou encore les ratés de la sorcellerie.

Le bidonville le plus cher du monde

Nollywood est une industrie espiègle, qui raconte à elle seule tous les paradoxes d'une nation schizophrène. À l'image de son cinéma, le Nigeria a explosé ces trente dernières années: culturellement, démographiquement, financièrement. Il est devenu la plus grosse économie du continent, mais aussi le pays qui compte le plus grand nombre d'habitants vivant sous l'extrême seuil de pauvreté; le premier exportateur de pétrole d'Afrique, celui également le plus durement touché par les pénuries d'essence et d'électricité. Lagos, sa capitale économique, s'est métamorphosée en l'une des villes africaines les plus luxueuses, et moquée par ses habitants pour être « *le bidonville le plus cher du monde* ». Depuis l'élection de Muhammadu Buhari en 2015, la nation est décrite par les médias et les institutions comme « *la plus grande démocratie d'Afrique* ». Elle n'en reste pas moins minée par la corruption – 154e au rang mondial sur 180, selon Transparency International –, la répression policière, le népotisme et la violence. Les connaisseurs la définissent ainsi : c'est un pays aussi fou que puissant.

Les productions nigérianes savent capturer cette fièvre. Les audiences s'exaltent et le public s'internationalise, tandis que l'artisanat reste la marque de fabrique. Si la qualité demeure moins bonne que celle des standards internationaux, la recette fait fureur et franchit toutes les frontières. Même l'Hexagone n'échappe pas au phénomène. La section Nollywood de Netflix France compte désormais plus d'une cinquantaine de choix. Canal+ aussi a flairé le filon et annoncé en juillet 2019 l'acquisition d'iROKO Partners – une société de distribution de médias en ligne axée sur l'industrie nigériane du divertissement – et de sa plate-forme de streaming, entièrement dédiée à la production nigériane.

« J'ai grandi dans une famille où l'on m'a toujours fait comprendre que je pouvais faire et devenir tout ce que je voulais. »

Chioma Ude, productrice

Nollywood, une *success story* partie de rien ? Oui et non. Au sommet de cette industrie sont désormais perchés quelques privilégiés. Une élite argentée dont les parents s'étaient expatriés pour faire du business, souvent aux États-Unis, pendant les années de plomb post-indépendance. Ces enfants, diplômés, entrepreneurs enragés, dopés au capitalisme outrancier, sont revenus au milieu des années 2000 tenter leur chance dans un pays plein de promesses et de perspectives. Du moins pour eux, qui ont les codes, le réseau politique, les devises, avec un bonus s'ils appartiennent à la bonne ethnie.

Chioma Ude fait partie de cette caste. C'est l'une des patronnes de Nollywood. Dans une interview télévisée de 2016, la productrice racontait, bravache, à un journaliste comment les femmes étaient parvenues à subtiliser au nez et à la barbe des hommes puissants cette manne financière phénoménale et la fierté culturelle de tout un pays.

Née au sein de l'ethnie igbo, l'une des plus riches et influentes du Nigeria, Chioma est issue d'une lignée de diplomates, d'avocats et de médecins. « *J'ai grandi dans une famille où l'on m'a toujours fait comprendre que je pouvais faire et devenir tout ce que je voulais* », sourit-elle aujourd'hui, recevant dans un bâtiment de six étages en pleins travaux. Ses nouveaux bureaux. Et explique : elle a la vingtaine, déjà mariée et enceinte de son deuxième enfant, quand elle s'expatrie dans le New Jersey, aux États-Unis en 1993. Comment ? « *Oh ! Grâce à la loterie des "green cards"* », lâche-t-elle, désinvolte, en faisant tournicoter avec l'index son collier Van Cleef & Arpels – qui coûte l'équivalent d'une Mercedes Classe A. Accueillie par son oncle, alors à la tête de Pfizer USA, elle entame des études d'infirmière, comme ses cousines, et monte trois ans plus tard une société d'intérim spécialisée dans le recrutement d'aides-soignantes. « *J'étais une immigrée modèle : comportement, emploi, finances... J'ai obtenu une carte de séjour longue durée. J'y suis restée dix ans.* »

Autant que les circonstances de son départ, le contexte de son retour est flou. Du jour au lendemain, elle bascule du monde médical à celui du cinéma, d'abord à Londres en tant que consultante. Puis au gré des opportunités, elle retourne aux sources. Dans un premier temps à Port Harcourt (dans l'État de Rivers), l'un des fiefs commerciaux et pétroliers de l'Est du Nigeria, où elle a de très bonnes relations avec le gouverneur de l'époque. Celui-ci soutient généreusement le lancement en 2010 de son projet de festival, l'Africa International Film Festival (Afriff). Elle y fait plusieurs saisons, mais quand le haut fonctionnaire quitte son poste, elle doit trouver un autre lieu d'implantation. Et chercher les accès politiques et les généreux financements qui vont avec. Elle se rabat sur Lagos.

Depuis 2010, chaque édition de l'Afriff attire près de 6 000 personnes pour un coût moyen d'un million de dollars – 934 000 euros –, chiffre donné par Chioma Ude elle-même. Dans l'entourage de la productrice, les visages se crispent à cette évocation. Ce n'est pas le genre de chose dont on aime parler au Nigeria. L'un de ses anciens collaborateurs avoue toutefois que « *la façon dont elle arrive à lever de l'argent a toujours été un peu mystérieuse, elle a beaucoup de réseaux, des bons rapports avec pas mal d'institutions et de politiques, mais ça reste une interrogation* », dit-il, gêné. « *On ne demande pas aux gens d'où vient leur argent !* s'agace une réalisatrice en vogue quand on l'interroge sur le sujet. *Pour percer à Nollywood, tu as intérêt à avoir de très bonnes connexions. Organiser un festival de cinéma, c'est très politique. Mais si tu assumes publiquement qu'untel ou untel t'a donné de l'argent, tu risques de te brouiller avec d'autres qui, potentiellement, pourraient t'aider plus tard. Ici, tu peux être blacklisté pour un rien, mieux vaut fermer sa bouche, et les femmes, surtout, font attention à ça !* »

Gangs de surveillance

On sait que c'est le jour J à la longue file de grosses berlines qui engorgent les rues de Victoria Island, petite île très select du sud de Lagos. Devant Landmark – un grand complexe haut de gamme mi-palais des congrès mi-centre commercial où l'on peut déjeuner sur une plage privée, aller au cinéma, faire du shopping, mais surtout se montrer –, des guirlandes de filles perchées sur des stilettos et quelques mignons en smoking s'engouffrent par le portail gardé. « *Deux mille !*

— *Deux mille quoi ?*

— *Deux mille naïras par personne pour entrer, et mille pour la voiture.* » Le grand mec sec en marcel a les yeux et les chicots défoncés. « *Deux mille naïras, sinon vous bougez !* » De quoi faire s'étrangler la moitié de la population nigériane, qui vit avec moins de 600 naïras (1,2 euro) par jour. « *Mais qui décide de ça ?*

— *C'est nous.* »

« *Nous* », ce sont les *area boys*, ces jeunes gars en petits gangs qui foisonnent dans la capitale économique et

« La façon dont elle arrive à lever de l'argent a toujours été un peu mystérieuse, elle a beaucoup de réseaux [...] mais ça reste une interrogation. »

Un ancien collaborateur de Chioma Ude

Il faut lâcher 5 000 naïras pour entrer dans le festival. Les téméraires qui essaient de passer en force se font exploser la gueule, le pare-brise ou les deux.

culturelle, en parallèle de la police et des services de sécurité privés plus formels. À Landmark comme dans d'autres secteurs de la ville, l'élite ne veut pas de la populace dans son écrin d'opulence, et ferme les yeux sur ces groupes de voyous déployés à proximité des lieux chics. Les téméraires qui essaient de passer en force se font exploser la gueule, le pare-brise ou les deux.

« *Welcome to Afriff!* », nous lancent des hôtesses extatiques, une fois les 5 000 naïras lâchés et les baffes évitées. Après la volée de marches, dans le lodge rose bondé, les flashs crépitent déjà, alors que les stars ne sont pas encore arrivées. Ici, on manie le visionnaire vestimentaire avec autant de classe que d'excentricité : bijoux aux pieds, talons trop hauts et orteils manucurés qui s'échappent de sandales trop serrées, complets satinés, tatanes en cuir, robes fourreaux, mini-robes échancrées, buba et superbes sokoto brodés, les vêtements traditionnels nigérians. Des perruques multicolores. Des plumes : sur la coiffe d'une femme peroxydée aux yeux globuleux, comme sur les reins d'une jeune femme moulée dans un pantalon pêche piqué de franges duveteuses. À regarder comme ça, on dirait que Nollywood, c'est la vie de cabaret. Ou à quelque chose près : le champagne est remplacé par des cocktails laiteux à base de pinta negra, et le foie gras par des fritures, servies à la chaîne par des cuistots en liquéfaction sous leur toque en papier. Dans un coin, une jeune fille drapée dans une robe de satin rouge à froufrous prend la pose devant sa perche à selfie tous flashs allumés. En live sur sa chaîne TikTok, elle fait la moue, offre son plus beau profil et un panorama de ce qui se passe derrière elle... L'opération lui prend au bas mot vingt minutes, tandis qu'elle loupe peut-être son véritable moment de gloire, là tout près, où les interactions sont réelles, les connexions se font, les cartes de visite se distribuent, les minois de demain se repèrent.

Diplomatie culturelle américaine

Près du bar, Chioma Ude, perchée sur des escarpins dorés, se fraie un chemin au milieu de cet étrange cénacle, acculée de sollicitations. En un battement de faux cils, elle n'est plus là. Chioma est comme ça : elle apparaît et disparaît. Engloutie par la foule, elle émerge quelques instants plus tard sous l'objectif des photographes, en bonne place devant le mur des sponsors. « *Allez Chioma, Chioma, vieeeens!* » Un feston de copines l'attend pour une photo de groupe. Un crépitement de lumières nimbe la pièce. La brochette est composée de tout ce qu'il y a de plus attrayant en ce moment dans l'industrie nollywoodienne : les actrices Kate Henshaw, Funke Akindele Bello, Nse Ikpe-Etim, la réalisatrice Kemi Adetiba... Bien sûr, Uche Jombo est là aussi. Chioma prend la pose. C'est sa soirée.

Enfin, celle d'ouverture de son festival, qui s'est bâti en quelques années le statut de référence dans l'industrie du cinéma sur le continent africain, aux côtés du Fespaco, le Festival panafricain du cinéma et de la télévision de Ouagadougou (Burkina

Faso). Ce n'est pas encore les Oscars ni Cannes, mais quand même, il faut en être. Chaque année, l'événement s'étire sur une semaine et propose des projections, des ateliers, des espaces pour réseauter, une remise de prix et pas mal de soirées. Il y a une flopée de stars nigérianes, bien sûr, des journalistes venus arrondir leurs fins de mois, «*payés par le festival pour couvrir l'événement*», de leur propre aveu. Mais on y croise aussi quelques réalisateurs étrangers invités, comme Phillip Noyce, réalisateur australien multirécompensé, installé aux États-Unis, venu donner des cours à vingt-cinq aspirants réalisateurs triés sur le volet. «*Ça fait partie de la diplomatie culturelle américaine*», glisse-t-il, visiblement un peu embarrassé.

Tiens! Revoilà Chioma, flanquée d'une ribambelle de gens importants. «*Oh heyyy darliiing!*» On ne sait pas bien qui est aux trousses de qui. Elle sourit à outrance, frotte chaleureusement l'épaule de l'ambassadeur du Japon, claque la bise au gouverneur de Lagos, minaude avec le représentant du British Council. Mais déjà elle est repartie. Elle s'engouffre dans la salle de cinéma où a lieu dans quelques minutes la première projection, et s'affaire à placer personnellement ses invités de marque. «*Prends cette place, je t'assure, c'est la plus confortable*», lance-t-elle à la consule des États-Unis. «*Cette rangée aussi juste derrière est excellente,* assure-t-elle au ministre de la Communication nigérian. *Non, d'ailleurs, mets-toi plutôt là!*» Soudain, dehors, ça pétarade. «*C'est quoi, ça? Des coups de feu?*» Regards inquiets. «*Non, juste des feux d'artifice*», glousse le gars de la sécurité. «*Anyway...*»

Pour cette édition du festival, les organisateurs ont mis les femmes à l'honneur, en choisissant pour thème «(S)Heroes», une contraction de «*she*» – «elle» en anglais – et «*heroes*» – «héros» – pour célébrer les reines nigérianes et l'*empowerment* féminin. «*Ça va être une semaine géniaaaale!*», fanfaronnent les maîtresses de cérémonie qui se succèdent à la tribune. Quelques années après la vague Me Too à travers le monde, on se met au diapason. L'industrie nigériane n'en est toutefois pas encore à briser le silence sur certains comportements des mâles dominants ni les dynamiques toxiques. Elle s'attache plutôt à célébrer la femme. Mais pas n'importe laquelle: la puissante, riche et célèbre, qui fait carrière. La seule qui soit tendance ici.

Éclats de rires. «*On reste une nation patriarcale avant tout!*», plaisante à gorge déployée Kate Henshaw, l'une des vedettes de la soirée, vétérane de Nollywood acclamée pour ses rôles piquants et son franc-parler. «*Les hommes dirigent, les hommes prennent les décisions, ils prennent l'argent, la lumière, les hommes prennent tout!*» Exemple révélateur: si Genevieve Nnaji, actrice et réalisatrice, internationalement acclamée – notamment pour *Lionheart*, un film sorti en 2018, passé proche d'une nomination aux Oscars –, est de loin la plus grosse fortune féminine du cinéma au Nigeria, avec un capital estimé à près de 10 millions de dollars

> « On reste une nation patriarcale avant tout ! Les hommes prennent les décisions, l'argent, la lumière, les hommes prennent tout. »
>
> **Kate Henshaw, actrice**

NOLLYWOOD
NEW
NEW
N°1
NEW
N
NEW
N°1

> **Ce soir, on ne parlera pas des récentes accusations d'abus sexuels lors de castings, portées par des aspirantes actrices et relayées par la BBC.**

(9,34 millions d'euros), selon le cabinet d'études allemand Statista, son magot semble bien maigre face à ceux, estimés par la presse nigériane, de Jim Iyke (30 millions de dollars, 28 millions d'euros), Zubby Michael (24 millions de dollars, 22 millions d'euros), Richard Mofe Damijo (17 millions de dollars, 16 millions d'euros) ou Desmond Elliot (11 millions de dollars, 10 millions d'euros). Tous des hommes, acteurs, réalisateurs ou producteurs, peu connus en dehors des frontières de leur pays. Mais ce soir, on n'en parlera pas. On ne parlera pas non plus des récentes accusations d'abus sexuels lors de castings, portées par plusieurs aspirantes actrices et relayées par la BBC.

Les fesses twerkent

À quelques pas de là, la soirée se poursuit sur la mezzanine d'un club branché, privatisé pour la suite des festivités. Le DJ passe déjà le meilleur du kuduro et du coupé-décalé. Sur la grande baie vitrée embuée du club, des ombres frénétiques se découpent. Même les jeunes serveuses se lâchent. Les fesses twerkent au ras des sandales à plate-forme. Les étreintes se resserrent à mesure que la nuit s'étire. La cheffe tient bon. Volontaire, Chioma répond aux requêtes et décoche quelques pas de danse entre deux poignées de mains. Arrachée au bras des uns, présentée contre son gré à d'autres, demandée encore un peu plus loin, elle a égaré son verre de vin. Finalement, c'est *I Don't Care, I Love it* qui lui fait perdre les pédales et ses escarpins.

Quelques jours après le festival, dans le complexe hôtelier qu'elle vient tout juste d'inaugurer, c'est sur le marbre écru – astiqué toute la sainte journée par un agent de nettoyage au corps chétif – que claquent les hauts talons de Mosunmola Abudu. Cette femme-là est à la tête d'un réseau de divertissement multidiffusions africain (chaînes de télévision, cinéma, plates-formes), et depuis 2015 au palmarès des femmes les plus influentes du monde selon le magazine américain *Forbes.* « Mo », comme on l'appelle dans le pays, sort d'un rendez-vous pour la négociation de nouveaux contrats avec Netflix et enchaîne sur une entrevue en tête-à-tête avec le patron régional de CNN. « *C'est une vraie diva !* », lâche quelqu'un qui la côtoie de près. Une dame féroce que personne n'ose contrarier, tant elle tient Nollywood dans son poing fermé : une large part de la production, de la diffusion en cinéma et, depuis peu, le tout premier contrat africain avec la plus grosse plate-forme mondiale de streaming.

Cette fille d'ingénieurs élevée à Londres a passé vingt ans dans les bureaux du géant pétrolier ExxonMobil aux ressources humaines, avant de devenir productrice. Comment ? Là encore, mystère. Sans expérience ni compétence particulière dans le divertissement, elle a rapidement apprivoisé le petit écran avec son *talkshow Moments with Mo* et conquis tout le continent. Au gré de ses interviews intimistes et inspirantes, elle a fait exploser les audiences de Nouakchott à Maputo avec son célèbre slogan, « *If you can think it, you can do it* » [« Si tu peux l'imaginer, c'est que tu peux le faire », ndlr]. En parallèle, c'est son premier film en tant que productrice, *Les Cougars de Lagos*, avec Uche Jombo en vedette, qui lui a ouvert les portes du cinéma. Mo Abudu a créé sa propre société de production dans la foulée (Ebony Life), sa chaîne (Ebony Life TV) en 2013 et raflé tout le marché audiovisuel nigérian, de la production aux audiences, en quelques années. En 2016, elle a aussi participé à la production de *Mariage à la nigériane* (*The Wedding Party*), premier film national à rassembler plus de spectateurs en salles que les longs métrages américains.

Domestiques ou objets sexuels

Ema Edosio, jeune réalisatrice indépendante, a fait ses débuts avec Mo avant de s'en éloigner. Issue d'une nouvelle génération de passionnés, elle voit d'un mauvais œil l'évolution récente de Nollywood, impulsée par ces femmes puissantes qui façonnent le cinéma à leur image : de plus en plus superficiel et bling-bling. La jeune femme milite pour plus de réalisme, mais s'est fracassée au plafond de verre de cette industrie et aux codes qu'elle perpétue. « *Tout dans ce milieu est motivé par le profit. À l'écran, on veut des belles femmes, du fric, du glamour. Peu importe que ce ne soit pas pertinent, ni en accord avec la réalité que vivent la majorité des Nigérians. C'est ça qui fait rêver l'élite qui a les moyens de se payer une place de ciné, donc c'est ce qui se fait.* »

La chercheuse Olushola Aromona, de l'East Tennessee State University, aux États-Unis, a analysé le contenu des principaux succès nollywoodiens depuis 2005. Résultat de l'étude, publiée en 2016 : aucun changement significatif n'est observé dans les représentations stéréotypées des femmes. Et ce, malgré une présence féminine importante aux postes à responsabilité dans l'industrie. La production nigériane persiste à les dépeindre « *comme des domestiques peu ambitieuses* », « *des objets sexuels* », « *des belles-mères méchantes* », des cancaneuses un peu simplettes, « *incapables de prendre des décisions judicieuses* », promptes à « *utiliser ce qu'elles ont – par exemple, leur corps – pour obtenir ce qu'elles veulent* ». L'analyse va plus loin et indique que les personnages féminins sont encore très souvent représentés comme responsables de la cupidité et des infidélités des hommes à cause de leur matérialisme outrancier. Et si la femme portée à l'écran n'entre pas dans une case, qu'elle est accomplie, alors elle est sans cœur, « *colérique* » et « *froide* ». Seule éclaircie : l'étude révèle que les personnages féminins sont, depuis peu, moins représentés dans des contextes jugés traditionnels – à la maison, en cuisine ou avec les enfants – et qu'ils ont des niveaux d'éducation supérieurs à ceux qu'ils avaient au début des années 2000.

> « À l'écran, on veut des belles femmes, du fric, du glamour. Même si ce n'est pas en accord avec la réalité que vivent la majorité des Nigérians. »
>
> **Ema Edosio, réalisatrice**

Les femmes puissantes le sont donc à condition de jouer le jeu des hommes, mais pas question pour autant d'ébranler les modèles établis, ni de s'émanciper des rôles qui leur sont assignés. « *Quand j'ai réalisé "Kasala!", je connaissais déjà le milieu du cinéma, je voulais créer quelque chose de nouveau pour les Nigérians lambda, que tu ne vois généralement pas dans nos films ou alors qui sont systématiquement représentés comme l'employée de maison stupide ou le mec de gang qui parle mal anglais*, témoigne Ema Edosio. *Mon film ne proposait aucun visage connu, pas de vie glamour, pas de femmes avec des accents américains, pas d'argent… Rien qui soit à l'image de ceux qui tiennent le business.»* Celle qui a dû faire ses preuves à l'étranger avant d'être acceptée sur les écrans de son pays l'a un peu mauvaise. Personne ne l'a soutenue. Ni Mo Abudu, ni les autres femmes du secteur. Treize diffusions en festivals internationaux et neuf prix plus tard, la réalisatrice a toutefois gagné une large reconnaissance et tient désormais tête à son ancienne boss, avec son entrée il y a peu dans le catalogue Netflix et au classement des dix films nigérians les plus vus de la plate-forme. Mais elle met en garde: *«Si tu veux exister au Nigeria et à Nollywood, tu ne peux pas te payer le luxe d'être en froid avec ces gens-là. Ici, tu n'as pas intérêt à être l'ennemi de qui que ce soit, parce qu'on adore les dramas.»*

L'actrice Kate Henshaw a voulu utiliser sa célébrité à des fins plus « utiles », et s'est essayée un temps à la politique.

Genevieve Nnaji elle-même, vedette de *Half of a Yellow Sun,* l'adaptation du roman de Chimamanda N'Gozie, la *«queen Nnaji»* qu'Oprah Winfrey qualifie de *«Julia Roberts de l'Afrique»,* n'échappe pas à ce système. Avant de devenir un modèle de réussite pour tout un pays, elle a débuté sa carrière enfant dans le feuilleton *Rip* de la télévision, puis a connu le succès dans *Most Wanted* en 1998, et *Sharon Stone* en 2002, resté une référence pour les puristes. Mais à mesure qu'elle a gagné en notoriété, Genevieve s'est mise à refuser de jouer dans les films à petit budget qui avaient fait un temps sa renommée. Elle leur a préféré des grosses productions qui relèvent, pour certains détracteurs, du «New Nollywood»: un cinéma qui se serait embourgeoisé et occidentalisé, porté par une élite fourrée en permanence à l'étranger. Quand elle a commencé à briller à l'international, la vedette aux plus de 80 films a vu une partie de l'industrie lui tourner le dos. On l'a accusée de cracher dans la soupe, d'avoir réussi. Trop. Et de ne pas soutenir suffisamment ses comparses.

Assise par terre dans son salon, Kate Henshaw s'est débarrassée d'une robe bustier à paillettes, pour passer un jogging en coton et un t-shirt débraillé. L'un de ses *boys* – employés de maison – a préparé le déjeuner. Elle sort tout juste d'une séance photo pour l'hebdomadaire nigérian *Style,* dans lequel elle apparaîtra en une avec deux jeunes mannequins en couverture. Elle souffle, dépitée: *«On a beau être connue, avoir du succès dans nos projets, on ne nous autorise pas à vraiment évoluer, à changer de braquet, à être nous-même.»* À plus de 50 ans, et bien qu'elle en paraisse quinze de moins, l'actrice ne voit pas sa popularité auprès du public s'amoindrir, mais le nombre de rôles qu'on lui propose, si. *«Ce n'est pas spécifique à Nollywood, mais c'est clair, j'ai peur qu'on ne m'appelle plus»,* dit celle qui est devenue *«accro au sport»* et une gourelle du fitness sur le tard, grâce à son émission *Ufit with Kate.*

Tentée, elle aussi, d'aller chercher une reconnaissance au-delà des frontières de Nollywood, elle a voulu utiliser sa célébrité à des fins plus *«utiles»,* et s'est essayée un temps à la politique, en tentant de décrocher un siège à la Chambre des représentants, dans sa région natale, l'État de Cross River: *«Je me suis pris une claque. Je pensais que les gens m'aimaient, que je pouvais faire bouger plein de choses, mais on me disait "retourne à ton cinéma!" Cette expérience a été traumatisante.»* Remise à sa place. D'actrice et de femme.

Avant l'ère Nollywood

Au Nigeria, les premiers films sont produits par les colons britanniques dans les années 1920. Utilisés par les missionnaires chrétiens comme lieux de diffusion de propagande religieuse, les espaces de projection se multiplient grâce aux séances mobiles : le fait de se rassembler pour regarder des films entre alors dans la culture populaire. La fin des années 1930 marque l'ouverture des cinémas à vocation commerciale dans le pays. On y diffuse des œuvres étrangères et l'industrie connaît son premier âge d'or. Il faut attendre les années 1950 pour voir apparaître les premiers films proposant des histoires nigérianes, mais ceux-ci ne parviennent pas à supplanter les productions européennes, américaines, chinoises et indiennes.

Contre toute attente, le secteur de la culture au Nigeria connaît un coup d'arrêt après l'indépendance. À la tête du régime militaire en place, le général Yakubu Gowon entend limiter la diffusion des œuvres étrangères et fait passer en 1972 « le décret de l'indigénisation », qui impose la nationalisation de toutes les entreprises étrangères, y compris des cinémas, principalement gérés par les diasporas syrienne et libanaise. Un programme d'ajustement économique du Fond monétaire international en 1986 provoque à la même période la dévaluation du naïra et la chute des importations de biens de première nécessité, mais aussi du matériel analogique et électronique. Les producteurs émergents ont des difficultés à s'approvisionner en équipements et perdent leurs rares relais de diffusion. L'écrivaine Emily Witt, dans son livre *Nollywood: The Making of a Film Empire,* invoque aussi la hausse soudaine de l'insécurité dans les villes, vidant les rues de leurs promeneurs nocturnes, inquiets à l'idée de se faire dépouiller par des gangs armés. La plupart des espaces de projection n'ont alors plus de public et sont récupérés par la communauté des pentecôtistes, qui y tiennent des messes. À la fin des années 1980, les salles obscures nigérianes ont pour la plupart disparu.

Un premier cinéma rouvre à Lagos à l'aube des années 2000 à la faveur d'un assouplissement démocratique et d'une renaissance économique du pays. Mais il faut encore attendre avant que les Nigérians

Le cinéma nollywoodien est passé en deux décennies des copies VHS et DVD au succès sur grand écran.

réinvestissent ces espaces. Jusqu'en 2004 précisément, avec la projection de *La Passion du Christ* de Mel Gibson. Le film enregistre à Lagos ses meilleures recettes sur le continent africain le premier week-end de sa sortie. Plusieurs investisseurs flairent le potentiel et misent sur des multiplexes qui ouvrent leurs portes dans les années suivantes. Les cinémas deviennent des lieux où les employés des classes moyenne et supérieure viennent se réfugier en fin de journée, le temps que les embouteillages monstres qui paralysent le Third Mainland Bridge – le pont reliant les îles chics au continent – se fluidifient. Mais pendant longtemps, la programmation reste étrangère, les diffuseurs estimant que personne ne veut payer 1500 naïras – 16 euros – pour aller voir un film de qualité médiocre, que l'on peut acheter au marché à prix modique et regarder chez soi.

À partir de 2010, l'industrie cinématographique nigériane connaît une nette amélioration de la qualité de ses productions et les multiplexes commencent à les diffuser. Si les spectateurs en salles ne représentent qu'une toute petite portion des 200 millions d'habitants du pays, ils n'en composent pas moins un marché important et des entrepreneurs montent des salles dans d'autres localités, avec une programmation plus éclectique et des séances à des prix plus abordables. Près de quinze ans plus tard, une vingtaine de cinémas ont ouvert leurs portes au Nigeria. L'année 2016 a marqué un tournant: pour la première fois, plus de 30 % des recettes des salles obscures ont été générées par des films nigérians, pour un montant de 11,5 millions de dollars (11 millions d'euros). J. L. B.

Netflix veut sa part du gâteau

La toute première série nigériane coproduite avec le géant du streaming est sortie le 5 mai 2022. *Blood Sisters* est un thriller qui met en scène deux amies prenant la fuite après que l'une a tué le mari violent de l'autre. Coproduite par le studio nigérian Ebony Life, de Mo Abudu, la série est le fruit de la nouvelle stratégie de Netflix qui souhaite s'implanter sur le continent. Mais si la plate-forme aux 230 millions d'abonnés promet d'offrir une meilleure visibilité aux productions nigérianes, sa méthode fait déjà débat, notamment sur le montant des acquisitions: de 10 000 à 90 000 dollars (9 500 à 85 300 euros) pour les productions africaines, contre jusqu'à 500 millions de dollars (475 millions d'euros) pour certains films asiatiques, selon le site américain The Verge. J. L. B.

À lire, à voir

Nollywood
de Pieter Hugo
éd. Prestel, 2009
Dans cet ouvrage, le photographe Pieter Hugo, connu notamment pour ses photos de hyènes domestiques au Nigeria, a demandé à une cinquantaine d'acteurs de reconstituer les scènes les plus frappantes de Nollywood. Dérangeant et fascinant.

Manuwa Street
de Sophie Bouillon
éd. Premier Parallèle, 2021
Quand elle a posé ses valises au Nigeria en 2014, la journaliste française Sophie Bouillon a eu le coup de foudre pour le pays et sa capitale, Lagos. Dans ce livre, qui s'inscrit dans la littérature du réel, elle raconte son quotidien dans la mégalopole, avec humour et tendresse.

King of Boys
film de Kemi Adetiba, 2018
Alhaja Eniola Salami est une femme d'affaires philanthrope qui achète les services et le silence avec sa fortune. Alors qu'elle est promise à un grand avenir politique, son passé douteux ressurgit. Un thriller féministe ciselé. Une mini-série faisant office de suite est sortie sur Netflix en 2021, *King of Boys: The Return of the King*.

Living in Bondage
film de Chris Obi Rapu, 1992
Considéré comme le premier film nollywoodien, *Living in Bondage*, réalisé en langue igbo, raconte l'histoire d'une secte qui grâce à la magie noire, essaie d'empêcher le fils d'un chef puissant d'accéder à son héritage. Sa suite (*Living in Bondage: Breaking Free*, 2019) suit le destin d'un jeune homme ambitieux guidé par un milliardaire énigmatique, se précipitant dans un univers occulte pour assouvir ses ambitions.

Revoir dehors

MAGALIE, ADELINE ET RAHMOUNA SORTENT DE PRISON. DERRIÈRE LES PORTES DU PÉNITENCIER, RIEN NI PERSONNE NE LES ATTEND. LA PHOTOGRAPHE **AXELLE DE RUSSÉ** A SUIVI LEURS PREMIERS PAS À L'EXTÉRIEUR, UN MOMENT FRAGILE AUQUEL LEURS ANNÉES D'INCARCÉRATION NE LES ONT PAS PRÉPARÉES.

En ce jour d'octobre 2018, c'est la levée d'écrou
de Magalie. Axelle de Russé photographie son premier
moment de liberté depuis la condamnation.

MAGALIE

Après quatre ans derrière les barreaux à Joux-la-Ville, Magalie bénéficie d'un aménagement de peine et s'installe dans un appartement à Reims. Alors âgée de 32 ans, cette ancienne esthéticienne souhaite attendre avant de revoir ses deux enfants, dont elle n'a pas la garde. Leurs retrouvailles ont lieu le 23 décembre 2018 (en h. à d.) et Magalie organise quelques sorties avec eux (en b. à d.). Par la suite, elle enchaîne les petits boulots dans la région de Troyes, où elle ne connaît personne. Alors qu'elle travaille dans les vignes en Champagne (ci-dessus), elle se fait voler sa paie de 1200 euros, après quoi, elle choisit de retourner vivre à Verdun, où elle a grandi.

Désormais en couple avec A. (page de gauche), Magalie évolue avec lui dans un environnement fait de délinquance et de drogue. Leur relation est conflictuelle, voire violente. La mère de Magalie a gardé d'abord ses petits-enfants durant les week-ends et vacances, avant d'obtenir leur garde, au détriment du père parti vivre en Belgique. Auxiliaire de vie à la retraite, elle les fait passer avant tout le reste (ci-dessus). Ils ont aujourd'hui 14 et 8 ans. À 37 ans, Magalie est à ce jour sans domicile et n'a plus de téléphone.

ADELINE

Ce soir d'octobre 2018, Axelle de Russé revoit Adeline pour la première fois depuis sa libération en décembre 2017. Logée dans un foyer pour mères célibataires à Troyes, la trentenaire sort acheter des cigarettes avec son petit ami, Ludovic, alias Pépite (ci-dessus). Elle emménage ensuite dans un appartement insalubre, trouvé par le bouche-à-oreille (en b. à d.), et dont elle a du mal à payer le loyer. Emprisonnée pendant quatre ans, Adeline a régulièrement des crises d'angoisse, qui se traduisent par des maux de ventre et des vomissements (en h. à d.).

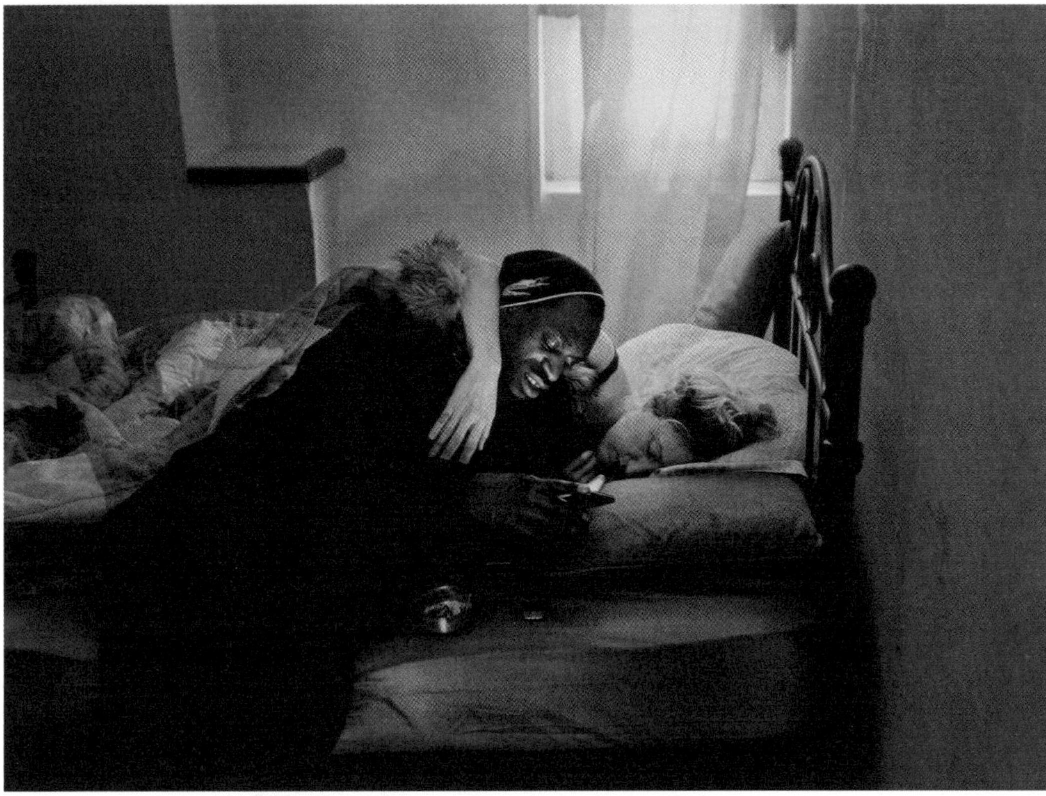

Juste après sa sortie, et avant de rencontrer Pépite, Adeline est tombée enceinte de Charlie, née en juillet 2018. À 3 ans, la petite fille a été diagnostiquée autiste. Le quotidien est difficile, car Adeline n'est ni aidée ni formée à accompagner ce handicap. Elle est mère de deux autres enfants, qui ont été placés très jeunes : Enzo, 22 ans (ci-contre), et Louisa, 10 ans.

Dénoncée à trois reprises aux services sociaux, Adeline, qui a 40 ans aujourd'hui, a été jugée en novembre 2019 apte à s'occuper de Charlie, ce qui lui a redonné confiance en elle. Elle a récemment obtenu une reconnaissance de handicap pour sa fille autiste, et va désormais recevoir une aide financière.

RAHMOUNA

Rahmouna fait partie des femmes suivies par Axelle de Russé qui ont effectué une très longue peine, en l'occurrence quinze ans. Pendant dix ans, elle n'a eu aucune visite ni contact avec l'extérieur, au point de développer une phobie de la sortie. Cette Algérienne n'a plus de papiers, aucune aide ni ressource, car son titre de séjour et son passeport ont expiré pendant sa détention. Sans domicile fixe, elle a brièvement vécu dans un appartement loué par son frère à Carcassonne (ci-dessus), avant d'en être expulsée : elle s'y éclairait à la bougie et ne sortait que pour aller aux Restos du Cœur (en h. à d.).

LES RESTAURANTS
DU COEUR
LIVRAISONS
15 mn
Ribol

Rahmouna a grandi dans la violence au milieu de huit frères et sœurs, et la prison a toujours fait partie de sa vie. Son compagnon Jordan, rencontré en 2019, a été un temps détenu à Béziers. Axelle de Russé l'a photographiée en visite dans les vestiaires du centre pénitentiaire (page précédente, en bas à d.), mais aussi lors de sa halte en chemin : il lui fallait quitter Carcassonne le soir, dormir dans un buisson devant la gare de Narbonne (ci-contre), faute de moyens pour se payer une nuit d'hôtel, et attraper le premier train pour être à l'heure aux parloirs du matin. Depuis que Jordan est sorti, cette mère de deux enfants vit avec lui dans un appartement dont il paie le loyer, et dépend entièrement de lui. Axelle de Russé n'a pas eu de ses nouvelles depuis mars 2023.

« Je pensais que leurs familles allaient les attendre à la sortie »

La photographe **Axelle de Russé** raconte la genèse de son reportage, au cours duquel elle a dû, quatre ans durant, jongler entre distance et intimité avec ses sujets.

XXI Comment en êtes-vous venue à vous intéresser aux femmes sorties de prison ?
J'ai toujours été obnubilée par le milieu carcéral. Cela faisait longtemps que j'essayais de réaliser un projet dans une prison française, mais les autorisations de prises de vue sont compliquées à obtenir. En particulier quand il s'agit de photographier des femmes détenues à visage découvert. Un jour, une amie scénariste m'a parlé d'un film qu'elle avait écrit. Cette fiction allait être tournée dans le centre de détention de Joux-la-Ville, et des prisonnières seraient les comédiennes. J'ai été embauchée comme photographe de plateau. Je l'ai fait gratuitement et, en échange, je pouvais effectuer un reportage dans la prison pendant le tournage. J'ai passé presque trois semaines avec un groupe de onze détenues en fin de peine. Au fil du temps, j'ai compris qu'elles étaient toutes extrêmement stressées à l'idée de sortir. J'ai décidé de les suivre dans leur parcours à l'extérieur. Je voulais comprendre comment on peut se réinsérer dans la société après avoir été coupée du monde pendant quinze années.

Pour quelle raison les femmes détenues en particulier vous intéressent-elles ?
Il y a une problématique de genre en prison. Les femmes incarcérées sont moins nombreuses que les hommes – elles sont un peu plus de 2 500 [chiffre de mars 2022, soit 3,6 % de la population carcérale, ndlr]. Historiquement, les femmes entraient beaucoup en prison pour des problèmes familiaux – infanticide, meurtre de leur conjoint. Mais les incarcérations pour trafic de drogue deviennent plus fréquentes. Cela concerne souvent des « mules », chargées de transporter la marchandise. Comme les femmes sont minoritaires en prison, il n'y a que deux centres pénitentiaires en métropole qui leur sont exclusivement dédiés. Ailleurs, elles sont enfermées dans des ailes aménagées de prisons pour hommes. Pour éviter la mixité, elles sont isolées. De ce fait, elles accèdent plus difficilement aux infrastructures des établissements comme le terrain de football, la salle de sport ou la bibliothèque. Elles pratiquent donc très peu d'activités. De plus, leurs familles leur rendent rarement visite, car cela reste très mal vu pour une femme – en particulier pour une mère – d'être incarcérée. À leur sortie, elles n'ont presque plus de liens sociaux puisqu'elles n'ont vu personne de l'extérieur pendant des années. Elles sont aussi éloignées du travail, parce que les régimes de semi-liberté qui servent à la réinsertion professionnelle sont, dans leur majorité, attribués aux hommes.

Ce reportage a-t-il bousculé vos certitudes ? Qu'est-ce qui vous a surprise ?
Naïvement, je pensais que leurs familles allaient les attendre à la sortie. Qu'elles allaient revoir leurs enfants et que tout le monde allait se serrer dans les bras. J'avais en tête des images de retrouvailles joyeuses. En fait, pas du tout : ces femmes sont très seules, désocialisées. L'extérieur devient une jungle pour elles. Elles ne voient plus leurs parents, ni leurs frères et sœurs. Leurs enfants, très souvent, ont été placés dans des familles d'accueil. Comme elles n'ont pas un radis – bien qu'elles aient un pécule de sortie, notamment pour celles qui ont travaillé en détention –, il leur est quasiment impossible de trouver un appartement. Le taux de récidive dans les cinq ans après la sortie est d'ailleurs de 60 %, pour les hommes comme pour les femmes. Et pourtant, sur les cinq que j'ai suivies, aucune n'est retournée en détention.

Cette photo a été prise en 2019, lors d'un reportage avec Rahmouna. L'ex-détenue et la photographe sont alors ensemble dans un centre commercial près de Narbonne, une étape entre Carcassonne et Béziers, où le compagnon de Rahmouna est incarcéré.

Comment vos relations avec ces femmes, que vous avez suivies durant quatre ans, ont-elles évolué ?

C'est toujours compliqué de photographier des femmes et des hommes dans leur intimité sans perdre la distance que nous sommes censés conserver en tant que journalistes. Je pense même que nous sommes, quelque part, obligés de la perdre : on ne peut pas faire un sujet si intime sans s'impliquer personnellement. Ou alors, on ne fait pas de bonnes images. C'est d'ailleurs l'objet de débats récurrents avec mes collègues photographes et les éditeurs de livres de photographie. Si je passe du temps dans le lieu de vie de la personne que je photographie, si je dors chez elle, il y a forcément une relation qui se noue. Réaliser un sujet personnel de ce type relève d'une démarche vraiment différente de celle qui est nécessaire à une enquête, pour laquelle les exigences déontologiques ne sont pas les mêmes.

« On ne peut pas faire un sujet si intime sans s'impliquer personnellement. »

Vous alliez donc parfois jusqu'à passer vos nuits chez elles ?

La première fois que j'ai revu l'une des filles à l'extérieur, elle dormait dans une voiture sur un terrain vague avec son petit ami. Elle sortait de quinze ans de détention. Je suis venue, et restée jusqu'à trois heures du matin, puis revenue quelques heures plus tard. Mais je n'ai pas dormi dans la voiture avec eux. Quelques mois après cet épisode, je l'ai accompagnée quand elle rendait visite à son compagnon, incarcéré à son tour. Elle n'avait pas de logement sur place. Nous avons donc dormi dehors, ensemble, dans des bosquets.

Avez-vous déjà eu peur en réalisant ce travail ?

Je n'ai jamais eu peur pour mon intégrité physique. En revanche, j'ai redouté l'impact psychologique de ce reportage. Parfois, la vie de ces femmes me touchait trop. Elles m'appelaient quand elles allaient mal, je leur rendais visite, on rigolait aussi parfois beaucoup... Dans la mesure où je n'avais plus la distance nécessaire, je me retrouvais dans des situations que je n'arrivais plus à gérer en tant que journaliste. Notamment quand l'une d'entre elles me demandait de mettre la main à la poche. Quand on est en contact permanent avec des femmes ou des hommes en grande précarité, il est difficile de ne pas faire un geste de temps en temps.

PROPOS RECUEILLIS PAR RÉMI BAYOL ET ELSA FAYNER

Semis liberté

C’EST UNE EXPÉRIENCE. UNE FERME OÙ BÊCHENT ONZE DÉTENUES EN AMÉNAGEMENT DE PEINE. PEU DE MOYENS ET BEAUCOUP DE FRUSTRATIONS DANS CE LIEU UNIQUE, OÙ LES SOLUTIONS S’INVENTENT TOUS LES JOURS À TÂTONS.

Par Catherine de Coppet
Illustrations Jeanne Macaigne

« T’*as qu’à mettre “Carla”, ça fait pute !* » Calée dans son transat, joint au bec, « Carla » et son sourire électrisent le calme rosé de ce début de soirée frisquet. Le jour descend sur le champ, les serres, la route, les rares voitures garées sous les pins et les platanes de l’allée. C’est elle qui a choisi de s’installer dehors sur le talus tandis que les fenêtres des maisons d’en face s’allument une à une et que le dîner se prépare en cuisine. « *La fumette, je sais qu’ils savent, mais je ne fume pas devant eux, c’est une question de respect.* » « *Eux* », ce

Les femmes sont payées au Smic. Un graal, quand le travail en prison est rémunéré entre 2,25 et 5,07 € de l'heure.

sont les encadrants de la ferme Emmaüs de Baudonne, non loin de Bayonne (Pyrénées-Atlantiques), une poignée de salariés qui ont signé pour ce fragile sacerdoce : offrir à des femmes détenues la possibilité de préparer hors les murs, pendant deux ans maximum, leur sortie de prison, en les remettant en mouvement – physiquement, mentalement, socialement –, notamment par le travail de la terre.

« Pull up comme j'ai faim ! » Fidèle à son habitude, Carla balance vannes et exclamations. Ce soir, elle y ajoute des pans de sa vie, comme autant de boules de bowling. *« J'ai pas besoin d'un mec pour être folle. Je suis accusée de tentative d'homicide et viol sur personne majeure. Et tu sais quoi ? Je n'ai aucun remords ! »* Ses placements en foyer, ses visites à sa petite sœur, les origines de sa mère – *« gitane d'Espagne »* –, ses incarcérations chaotiques… *« On m'a virée de Versailles, Fleury, Fresnes »*. Arrivée il y a quelques mois, Carla a rencontré sa *« meuf »* ici. À 20 ans, elle est la cadette des femmes de la ferme, la seule à attendre son jugement et, depuis peu, libre. *« Je ne suis plus sous bracelet électronique depuis trois mois, mais Gabi me l'a dit il y a seulement deux semaines, pour pas que je sois tentée de déconner. »*

« J'ai côtoyé plusieurs fois la mort »

Les onze femmes – toutes volontaires – sont passées par la case détention, et ont été sélectionnées sur entretien et analyse de leur fiche pénale et médicale pour bénéficier de cet aménagement de peine. Pour la plupart d'entre elles, il s'agit d'un « placement extérieur », un dispositif conçu dans les années 1970 pour répondre au problème de surpopulation carcérale, mais qui reste marginal, notamment par manque de structures : seules 6 % des détenues en aménagement de peine – et 8 % de leurs homologues masculins – bénéficiaient d'un placement extérieur en 2018, selon l'Observatoire international des prisons (OIP). *« Ma chance a été que mon avocate connaissait Gabi grâce à son père, qui était pote avec lui. Quand elle m'a parlé de la ferme, direct j'ai dit non. Puis j'ai reçu le prospectus, et je me suis dit : "why not?". »*

« Gabi » est le pivot, pour ne pas dire l'âme, de la ferme. C'est lui qui a fondé et dirige ce lieu unique en France, le seul à permettre à une douzaine de femmes de travailler comme maraîchères, payées au Smic (11,50 euros de l'heure). Un graal ou presque quand le travail en détention est rémunéré entre 2,25 et 5,07 euros de l'heure, en vertu du contrat d'emploi pénitentiaire, hors du code du travail. Gabi Mouesca a été un membre actif d'Iparretarrak, groupe armé indépendantiste clandestin défendant une vision sociale de l'action politique, au service des « petits » du Pays Basque, paysans ou prolétaires. *« Peu importe que je sois directeur, je me sens ouvrier, la lutte des classes est loin d'être finie ! »*, confie-t-il de bon matin dans son bureau, où trône un portrait de l'abbé Pierre. Comme à l'affût, son regard d'acier cherche l'horizon à intervalles réguliers. *« Ce matin au réveil, comme tous les 1er mars, j'ai eu une pensée pour mon camarade Didier* [Lafitte, ndlr]. *Nous étions dans la même voiture, et c'est lui qui s'est fait tirer dessus. C'était il y a pile trente ans. Si j'avais été assis à sa place, c'est moi qui y passais. J'ai côtoyé plusieurs fois la mort de près. »* La prison également. Condamné à plusieurs reprises par la justice, notamment pour son rôle dans une fusillade ayant coûté la vie à un gendarme en 1983, mais aussi pour une évasion, le jeune sexagénaire sec comme une branche a passé dix-sept ans derrière les barreaux. À sa sortie, il a été interdit de séjour dans les Pyrénées-Atlantiques pour cinq ans. Devenu chantre de l'abolitionnisme pénal – courant de pensée qui prône la disparition des prisons –, il a dirigé de 2004 à 2008 la section française de l'OIP, association de défense des droits humains en détention, avant de travailler à la réinsertion des détenus pour Emmaüs.

C'est en visitant les fermes de l'association dédiées à l'accueil des hommes en fin de peine, qu'il se met en tête en 2014 d'ouvrir un lieu similaire pour les femmes. « *Je venais d'un monde d'hommes, il était temps de rencontrer l'autre moitié de l'humanité* », résume-t-il, mi-sérieux, sa tasse de café à la main. Représentant 3,6 % de la population carcérale, soit un peu plus de 2 500 personnes, les femmes font figure d'oubliées d'un système pensé pour leurs homologues masculins. La plupart sont emprisonnées dans des quartiers dédiés, à l'intérieur de prisons pour hommes, ce qui implique de nombreuses limitations dans l'accès aux équipements, activités ou formations, en vertu notamment du respect de la non-mixité. L'objectif de Gabi Mouesca est d'éviter aux détenues les plus désocialisées le choc de la sortie sans accompagnement. Il balaie d'un revers de main le parallèle avec son cas particulier: « *Moi je n'ai pas eu de choc, j'avais une famille, un logement, une organisation qui m'attendaient.* » Et précise qu'en prison, il était rasé et habillé tous les jours à 6 heures du matin.

L'homme est tenace, et l'occasion de concrétiser son projet se présente enfin à Baudonne, un lieu-dit de Tarnos, coincé entre l'Adour et l'océan. « *Les bâtiments et le terrain jouxtant la communauté Emmaüs déjà installée là étaient à vendre. L'association nationale m'a donné le feu vert. Il n'y a qu'elle qui pouvait engager un type comme moi.* » Qu'un Basque, ancien activiste qui plus est, se voie confier des terres à cultiver dans une municipalité frontalière de Bayonne, mais sise dans les Landes, avait un parfum de scandale. « *Quand j'étais enfant, dans ma famille, Gabi Mouesca, c'était le mal* », lâche en souriant Nathalie Ducasse, secrétaire-comptable depuis vingt-sept ans de cette communauté Emmaüs qui accueille cinquante compagnons. « *Il y a eu des pétitions, et même une manifestation le jour où le conseil municipal a validé l'achat du terrain par la commune et la location pour un euro symbolique* », se souvient Jean-Marc Lespade, maire communiste de la ville, pour qui le projet « *entrait en cohérence avec les valeurs défendues par l'équipe municipale* ». Après avoir obtenu l'agrément de l'administration pénitentiaire, la ferme accueille sa première locataire – ici chacune paie un loyer – à l'automne 2020, en pleine crise sanitaire.

« À l'isolement pendant un an »

« *Mes interdictions ? J'ai pas le droit de parler à ma famille ni d'aller à Paris.* » De la brume du pétard de Carla émergent des images aussi nettes que le palmier de cheveux bouclés qui orne sa tête. « *En détention, j'ai été à l'isolement pendant un an. T'as droit à un parloir par mois, un appel par semaine, une promenade tous les deux jours. C'était horrible.* » À la ferme, point de verrous ni de barreaux. Les « *résidentes* », comme le personnel les désigne, sont libres de déambuler dans les couloirs, d'entrer et de sortir de la maison qui abrite chambres individuelles et espaces communs, de faire le tour des trois hectares de terrain. Et le week-end, d'aller faire des courses ou du sport. Depuis peu, la juge d'application des peines de Dax, dont dépendent les résidentes, leur a même accordé une journée d'autonomie hebdomadaire, avec la possibilité de sortir sans être accompagnée. « *La nuit, il m'est arrivé plein de fois de sortir avec ma meuf, de courir,*

« Je venais d'un monde d'hommes, il était temps de rencontrer l'autre moitié de l'humanité. »

GABI MOUESCA DIRECTEUR DE LA FERME

de sauter, de crier – toutes choses impossibles en détention », jubile Carla sur son talus tandis que la lune apparaît. La ferme reste malgré tout une extension de la prison : chacune est soumise à des privations de liberté et doit respecter les obligations qui la concernent – ne pas appeler ses enfants, honorer son suivi psychiatrique, etc. Partir sans prévenir est considéré comme une évasion. « *C'est arrivé une fois,* relate Gabi, qui vit avec femme et enfants dans une partie de la maison. *J'ai suivi la procédure et, en quelques heures, la personne a été arrêtée par la gendarmerie et ramenée en cellule. Je ne supporte pas que quiconque mette en péril l'existence de la structure, on en a tellement bavé pour la monter !* »

Ce jeudi, les détenues ont rejoint le potager et ses 1 200 m^2 de serres dès 8 heures. Sous la houlette d'Alexandre Azarian, maraîcher quadra aux airs de Carlos Santana, chacune est à son affaire. « *Le travail, ça dépend du groupe. En ce moment, ça fonctionne plutôt bien. Mais il arrive que je doive être derrière certaines qui ne font pas grand-chose, ou que les conflits bloquent tout. Sans parler des problèmes d'addiction. L'alcool est interdit en théorie, mais il y en a qui picolent la nuit.* » Ce matin, d'ailleurs, une résidente « *est limite* ». Sous le tout nouveau hangar aux piliers de bois, des cagettes en plastique ont été retournées, tabourets de fortune sur lesquels Mathilde, Diana et Rosy ont pris place pour le nettoyage des légumes-racines crottés de terre, en vue de la vente du jour. « *Ce ne sont pas des conditions pour travailler,* s'excuse l'ancien éducateur sportif reconverti depuis six ans dans le maraîchage bio. *D'ici l'hiver prochain, on espère avoir un plan de travail, des chambres froides, une salle de pause, un bureau… Tout se construit lentement.* » Sans expérience dans le milieu carcéral ni formation *ad hoc,* Alexandre souhaitait intégrer à son travail « *une dimension sociale* ». Sur place, il a choisi de ne pas prendre connaissance des faits pour lesquels les femmes ont été condamnées, y compris Céline Fernandes, l'ancienne résidente embauchée quatre mois après sa sortie pour le seconder. « *Ça me permet de ne pas partir avec des préjugés. Céline et moi, on est complémentaires, ça marche bien comme ça.* »

La ferme reste une extension de la prison : chacune est soumise à des obligations et des privations de liberté.

Son pantalon de jogging pâle fiché dans ses bottes lui donne une allure de cavalière. Carla fait des allées et venues entre la table et les brouettes pleines à ras bord. Patiemment, elle pèse chaque légume, reportant les quantités sur une feuille. Brosse dans une main, carotte dans l'autre, Diana, installée devant sa bassine d'eau, avoue timidement qu'elle avait hâte de découvrir la ferme avant d'arriver. « *En Martinique, j'adorais repiquer la salade.* » En permission pour cinq jours, le temps de savoir si elle confirme sa demande d'être accueillie à Baudonne, elle repartira demain vers le centre de détention de Joux-la-Ville, dans l'Yonne, l'un des 59 établissements pénitentiaires possédant un quartier réservé aux femmes, sur les 187 que compte le pays. « *C'est une bouffée d'air de pouvoir sortir ! Pour moi, la ferme, c'est un tremplin* », confie-t-elle à quelques heures de son train de retour, un peu anxieuse à l'idée du long trajet avec correspondances – « *ça fait longtemps, je n'ai plus l'habitude, alors une bénévole m'accompagne* ».

Rosy, la cinquantaine esquintée, est là depuis deux semaines à peine, et elle aussi ressent l'angoisse de « *réapprendre à vivre autrement* ». « *En prison, y a toujours un bouton pour les situations d'urgence. Il y a toujours une surveillante si ça ne va pas. Dehors, y a pas de bouton.* » Elle a beau être enthousiaste – « *chez moi, en Bretagne, j'avais un grand*

jardin, avec des légumes!» –, ce début de séjour à Baudonne lui fait l'effet d'une nouvelle substance trop violente. *«J'ai peur de craquer s'il m'arrive une broutille.»* Comme? *«Par exemple, si je perds ma mère, qui a 70 ans…»*

Le lendemain, de corvée de brouette, Rosy s'éreinte à déplacer le broyat utile aux cultures. *«Je me suis donnée à fond tout de suite, j'ai envie de tout faire bien. Mais j'ai mal au dos. Le corps, il doit s'adapter.»* En attendant de passer une radio, Rosy a commencé une rééducation périnéale – après cinq grossesses et un mauvais suivi en prison. *«À leur arrivée, on fait un check-up complet, l'accès aux spécialistes étant très difficile en détention,* explique Maria Ortego, l'accompagnante socioprofessionnelle de la ferme. *La consultation gynéco est un point sensible. Beaucoup n'ont plus leurs règles en arrivant, d'autres ont tous les jours des saignements. Une femme m'a dit qu'ici, c'était comme si son corps se nettoyait de la prison.»*

Sous la serre, accroupie dans les rangs d'épinards, Fabienne, cheveux tressés et lunettes sur le nez, cherche le bon geste. *«J'ai peur de mal faire et de gêner la repousse»*, analyse-t-elle en enlevant ses oreillettes, branchées sur France Culture. Avec sa silhouette élancée et son aisance à tout intellectualiser, cette femme de 47 ans détonne dans le groupe. À Baudonne depuis deux mois, après neuf années derrière les barreaux, il lui reste encore un an à maraîcher. *«C'est un autre univers… On n'est ni en prison, ni dehors. La confidentialité, l'intimité en prennent un coup parce qu'on est moins souvent seule. On dépend beaucoup du groupe aussi, de ses humeurs. Ça fonctionne par cycles. C'est un lieu très vivant dans tous les sens du terme. Et ça me demande un effort considérable d'adaptation.»* Recontactée quelques semaines plus tard, Fabienne pointe encore les limites de la structure: *«On est un peu écartelées entre une utopie que ce lieu tente d'incarner et la réalité qui s'impose.»* On comprend à demi-mot qu'elle dénonce la faiblesse de l'encadrement, face aux addictions notamment, qui gangrènent le quotidien et conduisent selon elle à une *«désaffection pour le projet collectif»*. Sur les six salariés, une seule – Maria – est dédiée à l'accompagnement socioprofessionnel.

«En prison, y a toujours un bouton pour les situations d'urgence. Dehors, y a pas de bouton.»

ROSY RÉSIDENTE

Jamais deux fois le même plat

Tout à Baudonne tient à un équilibre précaire dans lequel chacun doit trouver sa place, accepter les compromis et les règles mouvantes. Ainsi, depuis l'arrivée d'Annie dans le groupe de femmes, la cuisine n'est ouverte aux résidentes que le week-end, alors qu'auparavant, les détenues préparaient le déjeuner à tour de rôle, en binôme, les jours de semaine. Ça ne va pas sans créer de remous, tant la liberté de manger est un enjeu fort pour ces femmes dont la routine alimentaire se résumait encore il y a peu à la *«gamelle»*. Certaines clament l'envie de cuisiner à leur guise, quand Annie se plaint chaque lundi matin d'un plan de travail mal essuyé, d'un ustensile rangé au mauvais endroit… Mais en cette fin de matinée, chignon haut, raccord avec son port de tête princier, assurée dans son tablier blanc, la cuisinière virevolte entre les casseroles. Elle chantonne en préparant un clafoutis aux pommes. Gabi l'a affectée là plutôt qu'au maraîchage en raison de son expérience en la matière, mais aussi de son âge – Annie va sur ses 60 ans. Cette amoureuse de cuisine italienne, *«née dans la marmite de* [sa] *grand-mère»*, et fervente croyante, se vante de n'avoir jamais fait deux fois le même plat depuis son arrivée il y a trois semaines. Ce midi, ce sera soupe de haricots et pâtes aux poivrons.

Annie a effectué plusieurs séjours en prison depuis ses 37 ans. Un jour, elle a raconté à son fils les violences que son mari lui faisait subir. « *Moi, je parle, c'est ma façon de me venger. Je dis à tout le monde comment j'ai été traitée. Je ne suis plus la même femme depuis que je raconte, je m'occupe de moi.* » Entre larmes et rires, elle montre ses ongles peints.

Le lendemain, son ciel a viré à l'orage : « *C'est pas une bonne journée, je me suis endormie tard. On n'a pas droit à la télé dans les chambres, au prétexte de la convivialité, mais y a pas de convivialité ici, la télé commune marche pas ! Et moi, j'peux pas m'endormir, pouf, comme ça…* » Annie aimerait que tout s'arrange, rien ne va assez vite à son goût : le rétablissement de la fibre optique, sa demande de télé individuelle, ses cours d'alphabétisation, la mise en route de son projet personnel pour la sortie. « *Au début, les femmes sont très contentes d'être à la ferme. Au bout d'un mois, on constate toujours comme une chute : elles réalisent qu'elles ne sont pas libres et ont du mal à envisager l'après* », observe Maria. Les 17 femmes déjà passées par Baudonne depuis l'automne 2020 ont toutes trouvé un logement à leur sortie, ont un travail ou suivent une formation. Le plus souvent dans la région de Bayonne, l'expérience de la ferme jouant comme un nouvel ancrage.

Toutes les femmes passées par Baudonne ont trouvé un logement à leur sortie, un travail ou suivent une formation.

Ce soir, les résidentes défilent à tour de rôle dans le bureau de Gabi, comme au confessionnal, ou presque. C'est jour de paie. Le geste méthodique, l'homme à la voix calme compte les billets de 50 euros, sort les pièces de la caisse, glisse la fiche de paie dans l'enveloppe. « *Tu as gagné 500 euros et 14 centimes. Comme tu viens d'arriver, par rapport à un Smic entier, ça fait moins* », explique-t-il à Rosy, avec cet accent qui fait chanter les « s ». C'est lui qui fait jouer son réseau pour trouver des logements sur un territoire saturé de résidences secondaires, qui se démène pour que le fils d'une détenue resté en Guyane puisse rejoindre sa mère, quitte à écorner les règles – « *on fait ce qu'il faut, même si c'est à la limite de la légalité, on voit ensuite pour les papiers* » –, lui encore qui multiplie les déplacements pour rechercher les financements indispensables à la structure, ou qui accueille les nombreux journalistes. Au point d'être parfois perçu comme omniprésent. « *Gabi délègue peu, il est dans l'affectif alors que je suis dans le factuel,* estime Alexandre. *On n'est pas toujours d'accord sur ce qu'on laisse faire ou pas, les réponses apportées aux problèmes, mais il y a un dialogue.* » L'ancien indépendantiste désormais engagé dans le processus de paix au Pays Basque reconnaît ses limites : « *Je me sens parfois plus proche des résidentes que du personnel, pour le meilleur et pour le pire. Je suis reconnaissant envers mon équipe de me ramener à la raison de temps en temps.* »

C'est samedi, le marché s'est déployé face aux halles de Bayonne. Cet après-midi, les femmes se joindront à l'anniversaire de la fille aînée de Gabi dans la cour de la maison. En attendant, Carla, à l'équipe vente, chante avec lyrisme les subtilités du chou châteaurenard comparées à celles du chou cabus. « *Je suis parisienne, j'ai jamais fait ça de ma vie ! Et en plus j'aime pas les légumes, je répète juste ce que j'ai entendu !* », jure-t-elle. Avant d'admettre : « *La vente, c'est devenu mon délire. J'aimerais passer un diplôme. Et j'essaie d'avoir mon permis.* » Lentement, le ciel se dégage sur les quais de la Nive, révélant épinards et carottes dans leurs plus beaux atours. Le cappuccino siroté à l'arrivée est un lointain souvenir. Les clients se font attendre. Un temps mort , un coup de mou. Sous sa capuche, une Carla transie de froid lève le nez vers le soleil : « *Et toi, tu sers à quoi ?* »

Au nom de la mère

QUAND MANU AVAIT 11 ANS, SON PÈRE A TUÉ SA MÈRE. AUJOURD'HUI PÈRE À SON TOUR, IL A CHOISI DE MODIFIER SON PATRONYME ET CELUI DE SES FILLES, POUR EFFACER CELUI DU TUEUR, ET ROMPRE AVEC UNE HISTOIRE DE VIOLENCE. IL A ACCEPTÉ QUE SA COMPAGNE RACONTE.

Par Marion Rousset
Illustrations Maxime Sudol

T*u es sûre que ça ne va pas la perturber?* » Juste avant de déposer son dossier en vue d'un changement de patronyme au service de l'état civil, c'est à notre fille aînée que Manu a pensé. Pour troquer le nom du père pour celui de la mère, il fallait jusqu'alors adresser une requête motivée au garde des Sceaux, replonger dans le passé, remuer des souvenirs enfouis et prendre le risque qu'à la fin celle-ci soit rejetée. L'an dernier, au détour d'un article auquel je travaillais sur la construction de la figure du père dans l'histoire, j'ai découvert l'existence d'une loi promulguée début mars 2022, entrée en vigueur au 1er juillet suivant, destinée à simplifier la démarche. Désormais, nul besoin de se lancer dans d'interminables procédures ni de se justifier. Une simple demande en mairie suffit. Pour mon compagnon, qui sera bientôt délesté du poids de cet héritage paternel, c'est l'aboutissement d'un long cheminement… et de dix ans d'analyse ! Mais cette décision a des ramifications qui le dépassent, c'est aussi une affaire de famille qui concerne nos deux filles. Pas facile d'apprivoiser un nouveau nom, a fortiori quand on vient d'apprendre à écrire l'ancien, lequel avait l'avantage d'être court. Cinq lettres au lieu des onze que la plus jeune s'est entraînée à former pendant les vacances de la Toussaint, griffonnant frénétiquement des cœurs de toutes les couleurs sur ses brouillons. Elle n'avait aucune envie d'en changer jusqu'à ce que son père lui confie ses motivations. « *Je veux prendre le nom de ma maman parce qu'elle n'a fait de mal à personne* », lui explique-t-il calmement à la table du petit déjeuner.

Un « crime de propriétaire »

Une question nous taraude cependant. Pour nos enfants, qu'est-ce qui sera le plus encombrant : porter le nom d'un meurtrier ou celui d'une morte ? S'inscrire dans le sillage d'un auteur de féminicide ou faire vivre la mémoire de sa victime ? Le 20 mai 1983, G. a tué Michèle ainsi que l'homme avec qui elle s'apprêtait à refaire sa vie. Elle avait 35 ans, lui, 44. Le crime s'est déroulé autour de minuit dans le cabinet de ce père médecin de campagne, fasciné par les films de gangsters, qui ne se déplaçait jamais sans un 357 Magnum dans la boîte à gants de sa Samba quand il sillonnait les routes bordées de vignobles pour ses visites à domicile. Il leur avait donné rendez-vous, prétendant vouloir mettre au point les termes du divorce. Un guet-apens savamment prémédité. La tante de Manu raconte qu'il avait embauché un détective privé, posé des micros dans les téléphones du domicile conjugal. Jusqu'à cesser de travailler les semaines précé-

Des mots qui disculpent G., se concentrent sur sa souffrance, le transforment en victime auréolée du romantisme d'un crime que l'article fait passer pour un acte d'amour.

dentes pour prendre lui-même le couple en filature – extorquant des chèques à des patients crédules qui lui permettaient de maintenir à flot son compte en banque. Les notes retrouvées dans son véhicule prouvent qu'il a épié les faits et gestes de Michèle et son compagnon, avant de les abattre à l'aide d'un fusil à pompe calibre 12 emprunté à un patient.

G. a procédé avec méthode : il a entraîné ses victimes dans deux pièces différentes, lui dans le cabinet de radiologie qu'on a retrouvé fermé à clé et elle dans la bibliothèque. C'est la secrétaire qui, en arrivant au travail tôt le matin, a découvert le cadavre de Michèle. Les bouteilles vides d'essence de térébenthine et les traces noires sur la moquette laissent supposer qu'il a tenté d'y mettre le feu. Pour réduire le corps de sa femme en cendres ?

C'est son portrait à lui qui figure au centre de l'article que le journal *Sud-Ouest Dimanche* consacre au « *drame* » deux jours plus tard. Et c'est par l'explication du geste de ce médecin, « *apprécié de tous* » indique la légende de la photo, que le journaliste amorce son papier : « *La perspective d'une séparation insupportable, une part de jalousie, des nerfs fatigués par une activité professionnelle intense* »... Puis, un « *moment de folie* ». Des mots qui disculpent, se concentrent sur sa souffrance, le transforment en victime auréolée du romantisme d'un crime que l'article fait passer pour un acte d'amour. Des mots qui, en fin de compte, ne parlent que de G., que mon compagnon a choisi d'identifier par l'initiale de son prénom pour qu'il cesse d'occuper tout l'espace et pour redonner ainsi une place à Michèle, désensevelir sa mémoire, la faire revivre un peu. En essayant de raconter son histoire, rendre son humanité à cette femme. Car d'elle, il ne reste rien à part quelques photos souvenirs, Michèle à la plage, Michèle à la montagne, Michèle au Maroc, deux ou trois cahiers d'exercices de dactylo et de physique-chimie, ainsi que son acte de décès en ligne parmi une liste de 22 autres, survenus la même année dans la commune. « *La plupart des femmes victimes de féminicides sont des inconnues, des femmes banales, perdues dans l'anonymat du temps, du lieu, du fait divers vite parcouru et aussitôt oublié. Des prénoms parfois, un âge dans l'entrefilet d'une brève, la circonstance du meurtre relatée au conditionnel* », écrivent deux historiens, Lydie Bodiou et Frédéric Chauvaud, dans *Les crimes passionnels n'existent pas* (éd. D'une rive à l'autre, 2021).

Un récent bilan du ministère de l'Intérieur comptabilise 118 femmes mortes sous les coups de leur (ex-)conjoint en 2022. Une tous les trois jours. « *Ces mêmes statistiques montrent, de surcroît, que le moment le plus dangereux pour une victime de féminicide est souvent celui où elle se sépare du partenaire violent* », relève l'historienne Christelle Taraud qui a dirigé un ouvrage collectif intitulé *Féminicides, Une histoire mondiale* (éd. La Découverte, 2022). « *Les hommes tuent les femmes*

qui veulent partir parce qu'ils considèrent celles-ci comme des objets leur appartenant qu'ils ont le droit de contrôler, de surveiller et de punir», poursuit la chercheuse. En cela, il s'agit d'un «*crime de propriétaire*», pour reprendre l'expression de l'historienne féministe italienne Silvia Federici (*Une guerre mondiale contre les femmes*, éd. La Fabrique, 2021). On est bien loin du mythe du «*crime passionnel*» à la française forgé par la presse à la fin du XIXe siècle.

L'humiliation et la ceinture

Dans le cas qui nous intéresse, cette domination masculine prend place dans une histoire familiale de la violence qui recoupe un passé de domination coloniale. Fils de pied-noir, G. est lui-même né à Alger à la fin des années 1930. Son père était un Corrézien d'extraction pauvre, devenu militaire de profession au sein de l'armée française, qui revendiquera bien des années après, lors des repas de famille, les tortures infligées aux fellaghas. Sa mère, une femme violente et froide originaire d'Alsace, d'où sont partis au XIXe siècle les premiers colons à avoir émigré dans ce pays du Maghreb. Déterminé à défendre jusqu'au bout l'Algérie française, G. s'engage dans l'OAS (Organisation de l'armée secrète) au sein de la section Hussein-Dey, du nom d'une banlieue d'Alger. «*Mauvaise section!*», lâche Christelle Taraud, qui précise que celle-ci était connue pour être un centre de torture. Les pratiques de cette organisation terroriste sont documentées. Attentats aveugles, plastiquages, enlèvements, tortures, viols, ratonnades contre des Algériens... Cette matrice a certainement contribué à façonner la psyché de ce partisan non repenti qui, dix ans après la reconnaissance de l'indépendance, au moment d'officialiser la naissance de son fils, choisira de faire inscrire le prénom Raoul après celui d'Emmanuel à l'état civil, en hommage au général putschiste Raoul Salan, cofondateur de l'OAS. Il s'en est fallu de peu qu'il arrive en première position accolé au nom du père. Si Michèle n'avait pas bataillé, comme cela se raconte dans la famille de Manu, c'était la double peine!

Comme chef de clan, G. manie l'humiliation devant les invités et la ceinture en privé. Sa violence physique se dirige en priorité vers les enfants. «*Quand je l'entendais tourner la poignée de la porte d'entrée, j'étais terrorisé. Et en même temps, je faisais toutes les bêtises possibles pour attirer son attention et lui donner raison. J'étais ce qu'on appelait dans ma famille "un gamin caractériel"*», se souvient aujourd'hui Manu. Au quotidien, tout prétexte est bon pour traîner le garçon dans la souillarde et lui administrer une fessée déculottée à coup de ceinturon avec tant de rage que les jours qui suivent, celui-ci ne peut s'asseoir sans grimacer. Sans compter la «*laisse pour enfant*» dans la rue, pour éviter qu'il s'échappe, et les claques qui pleuvent au moment du dîner. À quoi s'ajoutent de cuisantes vexations dont le père était coutumier. «*Une fois, il a fait semblant de me gifler pour amuser ses invités, il a avancé sa main vers moi... avant de se recoiffer. Résultat, je me suis retrouvé contorsionné, mon bras devant mon visage pour me protéger par réflexe, ce qui a provoqué l'hilarité générale.*»

Sur son épouse, il exerce une emprise psychologique qui se nourrit de leur différence d'âge et de position sociale. Michèle n'a pas le baccalauréat, juste un diplôme de secrétariat. Elle prépare une capacité en droit, laquelle donne la possibilité aux non-bacheliers de s'inscrire dans l'enseignement supérieur, quand elle rencontre cet homme dans une fête d'étudiants en médecine. Elle interrompt ses études avant même de les avoir vraiment commencées, il termine les siennes. Pour l'adolescente de 17 ans, le mariage est une porte de sortie. La promesse de s'extraire d'un foyer malheureux où la colère du père le dispute au ressentiment de la mère. « *Son but, c'était de quitter la maison. Elle s'est très vite fiancée, complètement euphorique à l'idée d'épouser un médecin. Ça répondait chez elle à un rêve d'ascension sociale, mais quand on observe ses photos de fiançailles, je ne sais pas si tu as remarqué, elle est d'une tristesse infinie* », observe la tante de Manu.

Elle est belle et se tait

L'union à l'église en robe blanche, la naissance du premier enfant à 20 ans en 1968, l'achat de la maison dans un bourg de province près des futurs grands-parents, puis la venue du fils. Les événements s'enchaînent sans qu'elle ait le temps de se poser de questions, si bien que peu à peu, Michèle se laisse enfermer dans ce statut de femme au foyer qui est la norme autour d'eux. Il rapporte l'argent, elle tient la maison. « *Je reprochais à ma sœur de jouer les bourgeoises. Au début, elle était grisée par ce rôle, mais au fond, c'était surtout une gamine, elle était tellement jeune !* » Le mercredi, elle prend la poudre d'escampette, en route vers la métropole bordelaise, pour emmener Manu à ses séances de rééducation chez l'orthopédiste. Elle en profite pour faire des emplettes, aller chez le coiffeur et déjeuner en tête-à-tête avec son fils dans un restaurant gastronomique de la ville. Les clichés de Michèle gardent la trace de son sourire solaire, de ses pommettes saillantes, de son élégance… Elle est belle et se tait. Quand, pour se donner une contenance devant les notables du coin, il lui arrive d'arranger la réalité, ça ne pardonne pas. Un jour qu'elle prétend avoir obtenu le baccalauréat lors d'un dîner entre voisins, G. démasque l'imposture et la voilà qui se retrouve rouge de honte, à essayer de cacher ses larmes.

Cet homme aux mâchoires serrées, dont la colère pouvait éclater à n'importe quel moment, d'une violence extrême et quasi permanente dans l'intimité, aurait été dans sa vie publique un médecin apprécié de certains patients, à en croire le message d'une ancienne camarade de classe de Manu reçu par l'intermédiaire du site internet Copains d'avant. Atteinte d'une malformation congénitale à l'origine d'un handicap moteur nécessitant des soins réguliers, celle-ci lui confiait combien son « *docteur* » avait compté pour elle. Jointe au téléphone, elle confirme : « *Il était à l'écoute, toujours de bon conseil, très compétent dans son métier.* » À une époque où l'omerta régnait sur les crimes d'inceste, il était intervenu auprès de l'un des instituteurs de la petite ville dans laquelle il habitait, lorsqu'il avait appris dans le secret de son cabinet que cet homme abusait sexuellement de ses deux filles. Sans pour autant le dénoncer à la police, il lui avait intimé l'ordre de consulter un psychologue pour que ces faits inacceptables ne se reproduisent plus. Enfin, cet ancien membre d'une organisation qui avait attiré à elle une partie de l'extrême droite des années 1960 – mais comprenait déjà dans ses rangs d'ex-socialistes à côté des fascistes revendiqués – s'était mis à militer dans sa ville au

« J'adorais me rendre avec elle chez les Tonnerre, une famille de gitans qui lui revendaient des meubles. Ça fait partie des bons souvenirs que j'ai de mon enfance. »

Manu

sein de la section locale du PS, plusieurs années après son rapatriement d'Algérie. C'est l'époque des affiches qu'il part coller à la nuit tombée contre l'affaire des diamants de Bokassa dans laquelle trempe Valéry Giscard d'Estaing, des discussions qui s'enveniment avec ses voisins de droite et des trajets vers leur villa balnéaire au son de Bob Marley et Otis Redding sur l'autoradio de l'Alfetta 2000 Turbo, modèle sportif d'Alfa Romeo. Ces jours-là, il bloque le compteur à 180 km/h sur l'autoroute et tient le volant avec les genoux dans les lignes droites.

Depuis que le cabinet de son mari a déménagé en centre-ville, Michèle est désœuvrée. Elle ne prend plus les patients au téléphone, ne traite plus les rendez-vous. Seule dans sa grande maison, moins indispensable auprès des enfants qui grandissent, elle rêve d'une autre vie. Alors elle tue l'ennui, devient antiquaire et sillonne à son tour les routes en fourgonnette pour récupérer du mobilier chez des particuliers. « *J'adorais me rendre avec elle chez les Tonnerre, une famille de gitans qui lui revendaient des meubles. Ça fait partie des bons souvenirs que j'ai de mon enfance* », se remémore Manu. Dans sa boutique, un client, vigneron dans les environs, la courtise. Plusieurs mois passent avant qu'elle succombe à ses avances. « *Elle était comme une gamine, amoureuse, elle se projetait dans sa prochaine vie, parlait même d'un nouvel enfant…* », évoque la tante de Manu. À l'automne 1983, Michèle appelle sa sœur pour lui dire que ça ne va plus avec G., elle lui demande de l'héberger quelques jours à Paris où elle doit retrouver son amoureux. « *Je lui ai servi de couverture. Si son mari téléphonait, il fallait que je trouve des excuses. Il a commencé à m'appeler chez moi, au travail, il me harcelait pour que je convainque ma sœur de ne pas divorcer. Il disait qu'il allait tuer tout le monde, que ce n'était pas possible qu'elle parte.* »

Manu, 11 ans, et sa sœur, 14 ans, sont des rescapés. Découverts le lendemain du meurtre par des policiers, en civil et pistolet au poing, ils s'étaient réfugiés dans la même chambre cette nuit-là. « *Comme si ma sœur avait senti le danger,* souffle mon compagnon. *C'est elle qui m'a proposé qu'on dorme ensemble, ça nous a sans doute sauvés… Il aurait été plus facile de nous tuer si nous avions été dans des pièces séparées* ». Ne sachant pas comment annoncer à des enfants la tragédie qui venait de se jouer, un collègue médecin inventa une histoire improbable : maman était morte dans un accident de voiture et papa avait disparu. Il faut dire la vérité aux enfants, clamait pourtant Françoise Dolto qui s'était fait connaître grâce à ses émissions de radio sur France Inter. Il faut croire que sa voix n'avait pas porté jusqu'à ce bourg resté hermétique aux remous de Mai 68, coulant une vie respectable avec ses notables inscrits au Rotary Club, leurs maisons tapissées de papier peint et la télévision qui trônait au milieu du salon. Ce dont on ne se doutait pas, c'est que les deux enfants avaient eu le temps d'apercevoir par la fenêtre le corps inerte de leur père retrouvé pendu dans le chai au petit matin, après une nuit à remplir les cendriers de la maison. Quand « *on a été réveillés par les ombres des policiers autour de nous, ma sœur a hurlé, elle a couru jusqu'à la salle de bains où elle s'est enfermée. Par les fenêtres, chacun de son côté, on a aperçu le brancard. Une main pendait. J'ai reconnu la montre à son poignet. Le confrère de mon père a mis beaucoup de temps à convaincre ma sœur d'ouvrir la porte. Elle ne parlait pas. J'ai pensé qu'elle s'était suicidée* », confie Manu.

G. aurait-il fini son œuvre en achevant aussi les enfants si son arme ne s'était pas enrayée, à moins qu'il l'ait cassée, selon une autre version qui circule dans la famille ? Cette hypothèse continue aujourd'hui de hanter mon compagnon, dont l'intuition n'est pas infondée. « *Il arrive que l'homme tue aussi ses enfants, et alors ce n'est pas pour ne pas partir tout seul, c'est une destruction totale qui s'apparente à un acte de vengeance supplémentaire contre sa femme* », explique l'historien Frédéric Chauvaud. La vérité surgira pour Manu lors d'une balade en montagne, au cours de l'été qui a suivi la tragédie, grâce à sa tante qui lui raconte l'impensable. Celle-ci se dit encore choquée aujourd'hui par la manière dont il l'a alors interpelée : « *Est-ce que papa, ce qu'il a fait, c'est héréditaire ?* » À l'époque, jeune mère de 28 ans, elle accepte de devenir sa tutrice. Accueilli dans le quartier de Belleville, à Paris, Manu y découvre un tout autre visage du pays. Le monde bruyant et cosmopolite de la rue du Faubourg-du-Temple avec ses cours d'immeuble en enfilade où les gamins côtoient les dealers qui planquent leur dope dans les failles des murs, le parc des Buttes-Chaumont et ses exhibitionnistes qu'une ribambelle de mômes du quartier font tourner en bourrique, les marches de l'église de Ménilmontant où il inhale du trichloréthylène avec les copains pour prendre le large en plein après-midi.

Avoir un fils, le cauchemar

Je me suis souvent demandé, dans mon cas personnel, comment ne pas tout reproduire, éviter de tomber dans certaines redites. Mais à cette interrogation se substitue ici une nécessité beaucoup plus radicale : rompre avec un héritage impossible à assumer, s'en défaire comme on extrairait un corps étranger, s'affranchir de toute ressemblance possible avec le *pater familias*, rejeter jusqu'à son nom sous peine de rester l'objet de sa domination.

Quand Manu et moi nous sommes rencontrés, j'entretenais des relations avec des petits copains aux histoires lourdes d'abandons ou de disparitions. Lasse de répéter le même schéma, je m'étais juré que le prochain aurait un père et une mère, une vie sage. Raté. Je n'avais pas eu le temps de m'attacher que Manu a tout déballé. C'était à prendre ou à laisser. Ça n'a pas suffi à me décourager ! Après, tout est allé très vite… sauf les enfants. Il n'en voulait pas. Dix ans de réflexion ont passé avant qu'il accepte l'idée, à une condition : que jamais je ne lève la main sur notre progéniture. À l'approche du terme, c'est devenu

une obsession : il disait ne pas vouloir léguer son nom au bébé pour « *effacer sa lignée* ». Je m'en suis inquiétée, sans comprendre que cela cachait non pas le désir secret de fuir ses responsabilités, mais déjà la volonté de rompre, symboliquement, avec une histoire de la violence. Coup de chance, nous avons donné naissance à deux filles. Une confusion entre clitoris et pénis à l'occasion d'une échographie de contrôle a semé chez Manu un vent de panique. La perspective d'avoir un fils relevait du cauchemar – probablement parce qu'être un mâle dans cette famille ne présage rien de bon. On ne sait pas où ça peut mener, ou plutôt on le sait trop bien. C'est un passeport pour la catastrophe, du grec « *katastrophê* » : la promesse d'un renversement tragique. De ce côté-là, Manu a bien assez à faire avec lui-même, écorché vif caché dans un grand corps costaud, déjà fort occupé à déconstruire le modèle de masculinité dévastateur que son père lui a légué.

« Comme mes Playmobil »

En sortant d'un restaurant, Manu, qui a plutôt le contact facile, avise un jour un groupe de « colleuses » qui égrainent sur les murs de la ville les prénoms de femmes assassinées. Alors qu'il s'approche pour les aborder, elles lui jettent un regard méfiant, habituées à attirer l'hostilité de certains passants, quand d'autres adoptent vis-à-vis d'elles une posture professorale. De loin, j'observe la scène. Il raconte son histoire. Elles semblent rassurées, acceptent qu'il vienne témoigner lors d'une réunion. « *Si ça peut te faire du bien…* », lui répète-t-on plusieurs fois au bout du fil. Il ne le fera pas. « *Cette personne n'a pas saisi que ce n'était pas pour moi que je souhaitais parler. Ce qui me semblait intéressant, c'était la place d'où je m'exprimais, celle d'un homme victime, qui encore aujourd'hui a du mal à sortir de la tombe pour vivre dans la société…* » Ce que Christelle Taraud analyse fort bien : « *Les enfants ne sont certainement pas des victimes collatérales, cette expression me met hors de moi. Ce sont des covictimes. Quand un homme tue une femme, il tue aussi quelque chose de très profond chez ses parents, ses frères et sœurs, ses enfants… C'est un geste qui a des répercussions extrêmement pérennes sur leur existence.* »

À défaut de partager son expérience, mon compagnon aurait aimé pouvoir coller une phrase en hommage à Michèle. Pour cela, il aurait fallu déroger au principe de non-mixité qui anime ce collectif. Je crois que sa demande a suscité un débat parmi les membres, mais il fut décidé de ne pas faire d'exception à la règle : aucun homme cisgenre, pas plus lui qu'un autre, ne serait autorisé à participer aux actions. « *C'est dommage mais je comprends, nous, les hommes, on prend beaucoup de place…* », sourit Manu. Un garçon hétérosexuel victime du patriarcat, ça ne rentre pas dans les cases, c'est un angle mort des luttes pour la reconnaissance des féminicides qui ont peut-être trop tendance à oublier l'entourage.

Quand notre aînée a eu 2 ans, elle s'est mis en tête d'interroger son père sur ses ancêtres. « *Pourquoi tes parents, ils sont morts ?* » Eh bien, parce qu'on vit et puis un jour on meurt. Facile… Un peu trop. On savait qu'on l'arnaquait. Elle est revenue à la charge à 3 ans et, de guerre lasse, a changé de stratégie pour passer du « *pour-*

Manu aurait aimé coller une phrase en hommage à Michèle, mais aucun homme cisgenre ne peut participer aux actions. Un garçon hétéro victime du patriarcat, ça ne rentre pas dans les cases.

quoi» au *«comment». «Un enfant qui pose une question est prêt à entendre la réponse»*: cette phrase prononcée par une psy nous a confortés dans l'idée que le silence est toujours pire que la vérité. Je me souviens de nous trois attablés dans le séjour, et Manu qui raconte sa mère qui veut partir et son père qui la tue *«parce qu'il était fou dans sa tête»*, incapable d'accepter qu'elle reprenne sa liberté. L'essentiel, sans les détails. *«Oui, mais comment il a fait?»* Elle veut tout savoir. Alors il a parlé du fusil tandis que, les yeux écarquillés, elle mobilisait ses références enfantines: *«Oh, comme mes Playmobil, tu veux dire?»* Encore lui fallait-il saisir la portée de l'information et, pour cela, tester la réaction de personnes extérieures. C'est comme ça que notre fille aînée s'est retrouvée à en parler au dîner devant sa meilleure copine et ses parents. Dès lors, les invitations se sont espacées, puis ont complètement cessé, sous des prétextes divers. Sans doute n'était-ce pas le seul motif, en tout cas pas le plus avouable, mais je reste persuadée que ça a joué dans l'éviction de notre fille. Mon cœur se serre encore au souvenir de ses larmes causées par un sentiment d'incompréhension et d'injustice. Sa petite sœur avait 5 ans quand elle a formulé à son tour LA question. Elle est mieux tombée: la mère d'élève à qui elle a livré son histoire l'a écoutée avec bienveillance. Quelque temps plus tard, sa maîtresse a annoncé à toute sa classe la mort du mari de Ruby, une Atsem (agent territorial spécialisé des écoles maternelles) qui travaillait depuis longtemps dans l'école. En rentrant à la maison, ma fille s'est tournée vers moi: *«Qui est-ce qui l'a tué?»*

Pas un jour ne passe sans que mon compagnon, qui vient de fêter ses 51 ans, ne s'inquiète de perdre ces deux êtres qui lui sont si chers. Et pourtant, c'est lui qui m'a convaincue de les laisser prendre des risques, d'arrêter de leur répéter de faire attention quand elles grimpaient en haut de l'araignée ou dévalaient le toboggan la tête la première, d'obtempérer quand l'aînée n'a plus voulu qu'on l'accompagne jusqu'à son école primaire le matin, de résister à la tentation de lui fournir un téléphone pour pouvoir la joindre à tout moment, puis d'accepter au collège qu'elle parcoure le quartier avec ses amies à la nuit tombée. Disons que notre peur est le prix à payer pour leur liberté. Une page est en train de se tourner. Manu a récupéré à la mairie son passeport et sa carte d'identité modifiés. Nos filles, les leurs. Puisse ce nouveau nom de famille, ultime hommage à Michèle Carricaburu qui a eu le courage de briser le cercle de la domination masculine, leur donner des ailes. XXI

23293

Sa thérapie, c'était le kebab

NON, LA TRINITÉ SALADE-TOMATE-OIGNON NE SUFFIT PAS POUR DEVENIR « MEILLEUR KEBAB DE FRANCE ». À LA TÊTE DE L'AMBITIEUSE PME FAMILIALE, OLGUN JARDEL ERGEZER, 37 ANS, RACONTE UNE VIE DÉDIÉE À LA BROCHE.

Propos recueillis par Ramsès Kefi — Illustrations Adeline Schöne

Tu sais comment mon père est arrivé à Roubaix ?

En train, avec une seule chaussure. Il avait perdu l'autre à la frontière franco-italienne. Des policiers lui avaient couru après. Il était passé de justesse. C'était en 1982. La misère l'avait poussé à l'exil. À Roubaix, mon père a travaillé dans le textile, dans la laine plus précisément. Et puis, ce secteur s'est effondré. C'était le début des années 1990 et deux choix s'offraient à lui : le bâtiment ou l'entretien dans le métro. Son rêve aurait été de reprendre une ferme – en Turquie, il élevait des bœufs et des moutons, dans les dernières montagnes avant la frontière géorgienne. Mais il n'en avait pas les moyens. Il a trouvé un compromis… en ouvrant son kebab. Indirectement, il renouait avec les troupeaux : il allait choisir lui-même ses bêtes sur pied, chez les fournisseurs.

> **Mon coup de main s'est transformé en coup de bras. J'ai laissé tomber mes études et me suis lancé à plein temps dans le kebab.**

Et il jaugeait tout chez l'animal. Le regard, la couleur, l'allure. Je m'en souviens encore. En un coup d'œil, il savait comment un agneau avait été nourri et traité. C'était une autre époque, celle de la débrouille pour faire tourner le restaurant. Mon père courait partout, ma mère épluchait toute la journée les patates pour les frites.

De mon côté, je me destinais à une autre vie. À 18 ans, en parallèle de mes études d'ingénieur, j'ai monté des business de jeux en réseaux et de déblocage de portables. Les débuts d'Internet offraient des opportunités. En 2005, j'ai convaincu mon père de vendre sa sandwicherie, qui tournait bien, et d'investir dans l'immobilier. Il approchait de la cinquantaine, et des pépins de santé l'affaiblissaient. Nous, sa famille, estimions qu'il avait assez de sous pour se reposer. Il avait suffisamment trimé.

Le pousser en retraite anticipée a été une erreur. Après avoir fermé son resto, il est tombé dans une déprime, qui a aggravé ses soucis médicaux. Un docteur nous a reproché de l'avoir brusqué : depuis gamin, il bossait sept jours sur sept, sans congés. Et là, d'un coup, plus rien. En 2007, il a décidé de repartir à l'aventure et d'ouvrir un autre kebab. C'était sa thérapie. En tout cas, la seule qui a fonctionné. Il a racheté un local à Lille, à côté de la fac de droit. Comme je me sentais coupable de sa déprime, j'ai décidé de lui donner un coup de main et de ne pas le laisser s'épuiser. Mais on n'était plus chez nous, alors qu'à Roubaix, tout le monde connaissait « Ismet ». Il fallait recommencer de zéro, avec une grosse concurrence, dans une plus grande ville. Mon coup de main s'est transformé en coup de bras *(sourire)*. J'ai laissé tomber mes études et me suis lancé à plein temps dans le kebab, avec cette idée de développer une marque pour la consolider sur le long terme.

On a appelé notre restaurant, Unik. Avec une ligne directrice claire : rompre avec le « kebab chargé », qui te reste sur le ventre et les doigts – j'ai l'impression que ce créneau, sans le critiquer, a été récupéré par les tacos. Pour nous, ça revenait à doser la quantité pour accentuer la qualité et, d'une certaine façon, renouer avec les racines du kebab. En France, la saveur du sandwich dépend trop souvent de la sauce. Alors qu'en Turquie, c'est la viande qui doit faire la différence. Il y a vingt ans, le client venait nous voir pour « se casser » le ventre. Mais l'époque a changé, les modes de consommation aussi.

Au début, j'ai arpenté tout Lille en deux-roues. Après mon service au resto le midi, je roulais des heures avec un plan de la ville pour distribuer des flyers. Je m'étais fixé un objectif : 5 000 par jour. Je prenais un stabilo et rayais toutes les rues que j'avais empruntées. Je visais des boîtes aux lettres d'inconnus, mais aussi d'hôpitaux ou de grandes écoles. Dès 2008, on a créé une plate-forme pour que les gens puissent commander en ligne. Je voulais innover, parce que c'était à mon sens la seule manière d'exister vraiment. Aujourd'hui, ça semble anodin mais, à cette époque, tu payais une fortune un webmaster, qui te réclamait des rallonges pour la maintenance du site. Sur ce point, on était précurseurs : qui en France livrait des kebabs à domicile ?

À Lille, on a mis trois ans avant de devenir des références. Et puis, au fil du temps, notre réputation a dépassé le Nord. Avant la crise du Covid-19, un site, Kebab-frites.com, qui se fonde sur l'avis de clients, nous a élus trois années d'affilée « meilleur kebab de France ». Ça dope l'exposition. Certains nous plagient carrément, maintenant *(il montre une photo sur son téléphone)*. À Verdun, des types ont ouvert L'Unik, en reprenant tout, jusqu'aux couleurs de nos enseignes. On a mis notre avocat sur le coup.

Honnêtement, je n'ai pas soif d'argent, mais de réussite. Partir de rien et gagner. Le défi est d'autant plus compliqué avec un sandwich qui traîne autant de clichés – les reportages télévisés ont fait énormément de mal. Ça rend notre histoire encore plus belle. Quinze ans après ces flyers, on possède quatre restos dans le Nord – trois à Lille et un à Denain, près de Valenciennes. J'ai récemment participé à un jury : il s'agissait d'auditionner des entrepreneurs venus présenter leur projet devant une association, Les Déterminés, qui propose d'accompagner les plus ambitieux. À ma gauche, il y avait un dirigeant de la BNP et, à ma droite, un grand patron de Leroy Merlin. Entre les deux, j'étais la tête de Turc, au sens premier du terme *(rires)*. Eux, ils voyaient ce qui clochait dans les dossiers et les chiffres. Moi, j'étais là pour déceler la petite étincelle chez les candidats.

J'ai 37 ans maintenant, et toute la fratrie est impliquée dans l'entreprise familiale. Mes deux frères. Et ma sœur, à une échelle différente. Elle étudie le marketing international à Londres, ce qui lui permet de fignoler des idées pour améliorer notre business. En fait, c'est bien que l'un d'entre nous prenne l'air, loin du Nord. C'est vrai qu'on réfléchit pas mal au développement. Est-ce qu'on grandit encore ? Ou est-ce qu'on consolide ? Quand tu grandis trop, simplement par appât du gain, tu peux tout perdre. Des entrepreneurs nous sollicitent souvent pour acheter une franchise. Mais est-ce qu'on y gagnerait vraiment ? C'est un enjeu pour nous : on ne veut pas galvauder notre marque. On y est viscéralement attachés.

Partir de rien et gagner. Le défi est d'autant plus compliqué avec un sandwich qui traîne autant de clichés.

Ma famille a tout mis dans ses restaurants. S'ils s'effondrent, on perd nos maisons, nos meubles, nos rêves. Mon père est encore sur le terrain, par amour pour son boulot. C'est lui qui commence ses journées le plus tôt. Le matin, il décide d'aller dans l'un des restaurants et s'y poste. Il inspecte le moindre détail. Il peut exploser en cuisine s'il estime que les oignons sont mal coupés. L'idée qu'un client trouve son kebab mauvais lui ferait énormément de mal. C'est un ours coincé dans un chaton *(rires)*.

En parlant de détail... *(il montre mon assiette)* Vous avez eu droit à une viande moins goûteuse. Je le vois à la texture et à la couleur. C'est le début de la broche, ça ! On demande à nos cuisiniers de ne pas la servir. Ce n'est pas qu'elle soit mauvaise, c'est juste qu'on ne veut pas de décalage – tu dois manger aussi bien que ton voisin. Un bon kebab, c'est une somme de petits détails bien réglés que tu assembles. Je pourrais te donner les meilleurs ingrédients du monde, tu pourrais te rater : si tu as une bonne viande, il faut savoir la couper et la déposer dans le pain. Entre deux vagues de clients, tu dois adapter la chaleur de ta broche pour garder la viande à température. Et puis comment est-elle montée, cette broche ? Dans quelles conditions ? La feuille sur laquelle est posée ton sandwich transpire-t-elle d'huile ? Si oui, c'est un très mauvais signe... Quelle est la marque de ta friteuse ? Tes frigos sont-ils à la bonne température ? Le meilleur cuistot de la planète perdrait de son talent avec un mauvais four. Et puis, si tes épices ne sont pas dosées comme il faut, ça peut gâcher un sandwich. Sur bien des aspects, un kebab est aussi une boucherie. Alors il faut soigner ta manière de conserver les denrées.

Tout le monde se pense capable d'ouvrir un kebab, et c'est ce qui alimente en partie les clichés. « *Une viande à couper, des tomates et des oignons, des sauces à mélanger et quelques frites à côté, le tour est joué* », pensent certains. J'ai même des copains maçons qui se sont lancés. Mais ça n'a pas duré. Le kebab, c'est un métier. Si tu veux réussir, ça nécessite une vision précise, comme pour n'importe quel business. Et une application qui dépasse les cuisines. Une fois par mois, je lis les commentaires en ligne et j'y réponds. Les critiques les plus marquantes, je les partage à tous nos salariés sur notre groupe WhatsApp – intitulé « Équipe nationale ». Je veux qu'ils se sentent investis dans leur boulot. Pas autant que nous, c'est impossible. Mais quand même ! Parfois, on se

Une fois par mois, je lis les commentaires en ligne et j'y réponds. Je partage les critiques les plus marquantes à nos salariés sur notre groupe WhatsApp.

répète entre nous ce proverbe turc, qui résume notre message aux employés : « *Même si ce n'est pas le commerce de ton père, fais au moins comme si c'était celui de ton oncle.* » Enfin, quelque chose comme ça *(rires)*.

Bref, on a rompu avec le folklore du kebab en s'installant à Lille. Pas de drapeau turc et pas de nom type « Le Bosphore » ou « Istanbul ». Pas de chanson de Tarkan en fond sonore non plus *(rires)*. Nous sommes très fiers de nos origines. Mais on veut que chacun s'approprie le lieu à sa façon, du vegan jusqu'au fan de viande. Je ne vais pas fanfaronner et te dire que nous sommes le meilleur kebab de France. En revanche, pour le prix que tu vas payer, tu n'auras jamais mieux. Un boulanger nous livre des pains depuis quinze ans. Le boulgour est fait maison et les ingrédients de nos plats végétariens sont fabriqués ici, dans le Nord, sans huile de palme. On a notre propre filière pour les frites belges, et le yaourt est traditionnel. Le montage de nos broches se fait dans la région aussi, dans des conditions sanitaires strictes. Enfin, contrairement à d'autres, je ne vends pas de viande de bœuf composée à moitié de dinde…

Les crises, dont la guerre en Ukraine, ont poussé un nombre incalculable d'enseignes à faire grimper les prix. Nous, nous avons fixé une limite : ne pas dépasser la barre des 10 euros pour un menu basique. Même les tarifs de l'huile ont quadruplé pendant des mois. C'est un vrai dilemme : es-tu prêt à sacrifier la qualité, le temps de passer la tempête ? Ma conviction est que, si tu cèdes à cette tentation, tu ne reviendras jamais en arrière. Le problème, c'est que les fournisseurs se gavent. Ils ont augmenté leurs marges, qu'ils ne descendront pas puisqu'au fil des semaines nous nous sommes habitués *(silence)*. Les gens ignorent les coulisses et les sacrifices des restaurateurs qui, eux, baissent leurs bénéfices, sous peine de faire fuir une clientèle qui ne roule déjà pas sur l'or.

Un jour, le couple qui fabrique nos desserts a décidé de gonfler ses tarifs. Je suis resté bouche bée. « *Wow, c'est quoi le rapport entre le tiramisu et l'Ukraine ?* » Calmement, le gars m'a expliqué que les prix de l'essence et de l'énergie l'y obligeaient. Tu ne peux rien répondre à ça. Des établissements ferment parce qu'ils n'ont pas les reins assez solides. D'autres, dans certains coins, trouvent des accords avec leurs concurrents pour harmoniser les prix. On pourrait abuser, comme à Paris. Là-bas, un cuistot passe le pain d'un kebab au four et le vend 7 ou 8 euros plus cher. Je ne critique pas l'idée, ni le goût – c'est très bon. Mais on ne peut pas suivre cet exemple. Notre marque s'est fon-

> Un nombre incalculable d'enseignes ont fait grimper les prix. Nous, nous avons fixé une limite : pas plus de 10 € pour un menu.

> **J'ai repensé aux banquiers d'antan, qui nous riaient presque au nez : « Quoi ? Vous voulez de l'argent pour un kebab de qualité ?! »**

dée sur une qualité accessible à tous. Si on change, on perd. On n'oublie pas que ce sont des étudiants, pas très riches, qui sont à l'origine de nos succès.

Fin 2022, l'inauguration de notre dernier restaurant a été un moment magique. Regarde *(il me montre les photos)* ! On a racheté un Courtepaille à Denain, dans une zone commerciale. Là-bas, nos voisins, c'est McDo et Burger King. Pour moi, c'est une reconnaissance. On a mis plus d'un million d'euros dans cette affaire. Et quand tu investis cette somme-là, tu es enfin pris au sérieux. Les week-ends, on sert jusqu'à mille couverts par jour, dans une salle aussi bien adaptée aux familles qu'aux cadres sup' qui passent le repas sur leur ordinateur. À l'ouverture, j'ai repensé aux banquiers d'antan, qui nous riaient presque au nez : « *Quoi ? Vous voulez de l'argent pour un kebab de qualité ?!* » Des agents immobiliers qui nous regardaient avec méfiance à l'époque nous proposent aujourd'hui des locaux un peu partout, même à Paris. Mais si on s'installait là-bas, comment notre boulanger historique pourrait-il nous livrer ? Et comment ferions-nous pour nos légumes ? Si le pain est différent d'un resto à l'autre, ce n'est plus nous.

À Denain, on a fait une surprise à mon père. À l'inauguration, il a vu son portrait dessiné sur l'un des murs. Le KFC a son Colonel Sanders moustachu. Nous, on a Ismet. Régulièrement, dans nos restaurants, des clients viennent nous saluer en disant : « *Tu sais, à Roubaix, j'ai mangé chez ton père* »… C'était il y a presque trente ans. Ça touche. Leurs enfants viennent parce qu'on a laissé un bon souvenir. Les étudiants qui ont déjeuné chez nous des centaines de fois restent fidèles des années plus tard. On aime l'idée que nos kebabs traversent les générations. Même si ça a un prix. *(Il ouvre sa veste.)* Je porte toujours le polo Unik au cas où : s'il faut donner un coup de main en cuisine, je suis là.

Ma femme était prévenue. Quand je l'ai rencontrée, j'ai joué franc-jeu : « *Je suis déjà marié à mon boulot.* » C'était important de le dire, même si ça sautait aux yeux. Depuis dix ans, je n'ai pas réellement pris de vacances. Même quand je coupe pendant une semaine, je règle des choses au téléphone. On a des responsables dans nos restaurants, bien sûr. On leur fait confiance, mais quand tu as tellement mis de toi, tout déléguer est très compliqué. J'aurai peut-être un avis différent quand mes trois enfants seront plus grands. Ou quand mes prises de sang enverront des signaux. En tout cas, la situation est ironique… Je pensais sauver mon père de son obsession du travail. À la fin, c'est lui qui m'a contaminé.

Cahier d'un retour au pays maya

LE SOULÈVEMENT ZAPATISTE VA AVOIR 30 ANS. UNE LUTTE ARMÉE, UNE DATE, UN PAYS, MAIS PAS SEULEMENT. UNE INFLUENCE AUSSI, SUR TOUTE UNE GÉNÉRATION. UN PAYSAN BÉARNAIS RETOURNE AU MEXIQUE ET Y RETROUVE L'AMI AVEC LEQUEL ILS ONT FOMENTÉ LEUR RÉVOLUTION PERSONNELLE. L'ONT-ILS MENÉE À BIEN ?

Par Julien Iladoy
Illustrations Christophe Merlin

Je me souviens encore de ma première rencontre avec Albert, de l'immédiate impression de fraternité. Nous étions attablés le long d'une rue poussiéreuse de Xpujil, principale ville de la région de Calakmul, au Yucatan, aux portes de la plus grande forêt tropicale d'Amérique du Nord. Un camarade du Conseil régional indigène et populaire était investi aux élections régionales sous les couleurs d'une vaste coalition. Celle-ci visait ni plus ni moins que l'accession à la présidence de la République du grand espoir de la gauche mexicaine, Andrés Manuel López Obrador. C'était il y a vingt ans, au printemps 2004. Et j'étais là, au milieu de paysans, d'universitaires, de militants, de monteurs de projets opportunistes, à savoir qui mangerait le plus de piments. La présence d'un étudiant français n'avait rien d'extraordinaire. À l'époque, le Sud-Est du Mexique était la destination privilégiée d'une myriade de jeunes Occidentaux venus voir à quoi ressemblait un peuple qui prenait son destin en main. Là-bas, au Mexique, des femmes et des hommes ne se contentaient pas de parler de révolution. Ils la faisaient.

De la petite stature d'Albert Chan Dzul se dégageait une détermination qui tranchait avec sa timidité apparente. Il avait exactement l'air de ce qu'il était : un biologiste de terrain passionné, avec son bermuda kaki, ses chaussures de montagne, son polo floqué d'un centre d'études agronomiques. C'est avec lui que j'allais travailler les six mois suivants, pour mon stage de fin d'études de master de géographie. Ce jeune Maya yucatèque, fraîchement diplômé, venait d'être embauché par une ONG mexicaine pour travailler à renforcer l'autonomie alimentaire des communautés locales, une trentaine de villages installés en grappe le long d'une piste de 75 kilomètres s'enfonçant dans la végétation et l'extrême isolement. Il s'agissait notamment pour nous de tracer un sentier touristique d'interprétation à travers les vestiges archéologiques, la faune et la flore de la zone la plus préservée.

Je quittais la vie étudiante de ma petite région tempérée béarnaise, et partais à la découverte de ma personnalité d'adulte sous les bouillonnants tropiques. J'aspirais au voyage, à l'altérité. Libre de tout héritage. En tout cas, c'était ce que je croyais. Albert aussi. Nous avions le même âge et cette même ascendance paysanne que les études devaient nous faire abandonner. Un goût partagé pour la bière, le football et les débats à mi-chemin entre l'éthique et la philosophie de comptoir nous a rapidement rapprochés. Le plus souvent possible, je profitais de son enthousiasme lors de nos sorties dans la jungle. Sa passion pour les orchidées ne m'excitait guère, mais ses explications, sur les fruits domestiqués au temps des Mayas anciens et qui pourraient

redevenir aliments aujourd'hui, donnaient à voir la profondeur des liens avec cette nature d'apparence sauvage. Moi le gringo et lui le Yucateco tentions le jour de détourner le projet touristique pour lequel nous avions été embauchés – en essayant de construire des réserves d'eau ou mettre en place des formations –, et débattions la nuit de rêves plus grands que nous. Albert deviendra mon ami.

Icône à la pipe

Le village où nous travaillions se trouvait aux portes du Chiapas. Cet État mexicain, le plus éloigné de la capitale, à l'extrême sud du pays, enclavé entre le Pacifique et le Guatemala, était surtout le plus pauvre et le plus indigène. Là, en 1992, l'Ejército Zapatista de Liberación Nacional – l'Armée zapatiste de libération nationale, l'EZLN, créée en 1983 – et la population avaient voté la guerre contre l'État et l'armée, préférant « *la mort digne à la mort indigne* ».

Les habitants se préparaient à cette éventualité. Début 1994, ils avaient estimé que les événements l'imposaient : le très libéral président Carlos Salinas de Gortari venait de modifier la constitution héritée de la révolution de 1910 menée par Emiliano Zapata. Les parcelles collectives communales et d'usage familial – les *ejidos* – allaient pouvoir être privatisées, donc vendues. Il s'agissait de préparer l'Accord de libre-échange nord-américain (Alena) entre le Mexique, le Canada et les États-Unis, qui ouvrait les terres aux investisseurs étrangers. Carrillo Puerto, compagnon de route yucatèque de Zapata, avait pourtant prévenu la veille de sa mort en 1924 : « *Quand le conquistador vole sa terre à l'Indien, il lui vole sa liberté. Dans un pays agricole, terre et liberté sont synonymes.* »

Le 1er janvier 1994, alors que l'Alena entrait en vigueur, les principales villes du Chiapas étaient investies par des centaines de femmes et d'hommes en habits militaires ou traditionnels, visages masqués de foulards et de passe-montagnes. Ce n'était pas une simple escarmouche – les premiers jours de conflit ont fait 145 morts selon les autorités. Pas une guérilla non plus – malgré d'atroces massacres perpétrés par les paramilitaires –, comme celles qu'avait connues l'Amérique centrale dans les années 1980 et qui s'étaient enlisées.

C'était la révolution zapatiste, une dizaine de jours d'affrontements avec l'armée mexicaine, suivie d'un cessez-le-feu, puis d'une guerre de basse intensité entretenue par le gouvernement. Dans le monde, ce soulèvement unique a donné un souffle nouveau au mouvement altermondialiste naissant pour devenir une référence majeure lors

Ces six mois ont contribué, des années plus tard, à mon retour à la terre, certes tardif, mais longuement mûri : j'ai repris le troupeau de ma mère, lors de son départ à la retraite.

des contre-sommets des G8 à Seattle en 1999, Gênes en 2001, puis dans les cycles des forums sociaux, de Porto Alegre à Mumbai. Une icône à la pipe fumante était née, « le sous-commandant Marcos », auprès duquel allaient venir se faire photographier Noam Chomsky, Alain Touraine, Danielle Mitterrand ou encore Manu Chao. Les zapatistes réclamaient justice, respect, dignité pour les peuples indigènes, mais aussi la démocratisation du Mexique et la lutte pour une autre mondialisation.

Albert avait découvert ces événements à la télé, comme des millions de Mexicains. Depuis son paisible village, il avait vite pris fait et cause pour ces paysans qui ressemblaient à ses pairs et qui se revendiquaient fièrement indigènes. Pour moi, ça avait été autre chose. Je suivais la situation lors des réunions du comité Chiapas de Pau. Il en fleurissait alors dans toutes les villes. Des gens de chez nous partaient là-bas. Des militants mexicains venaient nous voir, et prêchaient une utopie du possible : changer le monde sans prendre le pouvoir. Le zapatisme enseignait une éthique qui mettait à bas les travers de nos cercles militants – l'intention, plus que l'action –, tout en proposant une alternative pratique. Mon séjour au Mexique a renforcé en moi un certain romantisme révolutionnaire duquel je ne me suis jamais départi. Surtout, il a fait prendre un virage à ma vie. Ces six mois loin de la France ont contribué, des années plus tard, à mon retour à la terre, certes tardif, mais longuement mûri : j'ai repris le troupeau de ma mère, sur la ferme de son père, dans le village d'Aramits, dans les Pyrénées-Atlantiques, lors de son départ à la retraite il y a six ans. Quinze vaches, dans le Mexique d'Albert, c'est un ranch. Un rêve. Ici, c'est peu, ou pas assez pour gagner un revenu d'Occidental. Pour vivre de mes montagnes, je suis aussi bûcheron.

Éternité tourmentée

Durant les vingt années qui ont suivi ce voyage, nous n'avons que très peu échangé avec mon ami maya. Exclusivement par e-mail. L'un comme l'autre devions penser que les dialogues virtuels ne valent pas grand-chose. L'un comme l'autre devions avoir la certitude que notre amitié n'avait pas besoin de discussions plates et de remises à niveau. C'est ce que je me plaisais à croire. Jusqu'à ce qu'au printemps dernier, tout s'accélère. La révolution qui m'a attiré au Mexique aura 30 ans le 1er janvier 2024. Les zapatistes administrent toujours de manière autonome un territoire grand comme la Bretagne, renforçant leurs systèmes alternatifs et novateurs en matière de santé, d'éducation et de justice. Nos 20 ans à nous vont avoir 20 ans. La revue *XXI* m'a proposé d'y retourner. De retrouver Albert, pour aller voir de plus près ce que sont devenues nos idées à l'épreuve de la réalité. J'ai hésité. Mon ami devait être d'accord et me donner sa bénédiction. C'était ma condition.

Albert a tardé à répondre à mon e-mail, qui disait : « *On m'a proposé un article sur l'influence qu'a pu avoir le zapatisme sur nos trajectoires. S'il est accepté, je vais devoir venir te voir dans le mois. Tu serais d'accord ?* » Son message, après plusieurs années sans nouvelles, s'est fait encore plus concis : « *andale, bankil* » – « ça marche, mon frère » –, auquel il a joint son numéro de portable. J'ai pris mon billet d'avion. Trois semaines loin de mes bêtes. Une éternité tourmentée pour un paysan. C'était plus facile il y a vingt ans, quand je livrais des pizzas à mobylette dans les rues de Pau entre deux cours de géo.

Sous l'avocatier

Me voilà posé pour douze heures de vol, le travail en forêt assuré par deux jeunes que j'ai formés, les vaches confiées à ma mère. Makhnovchtchina a vêlé cette semaine, tout devrait bien se passer. N'empêche, je ne suis pas tranquille. Serai-je à la hauteur de ma première mission de journaliste ? Pour évacuer les vagues d'angoisse, je me remémore les chemins louvoyants dans la jungle jusqu'aux parcelles cultivées, les après-midi de discussions à l'ombre des manguiers et les volées d'enfants passant de maison en maison. La Mancolona, la communauté dans laquelle nous construisions notre sentier d'interprétation, était composée d'une quarantaine de familles du Chiapas voisin, regroupées dans un village en grande partie autoconstruit, avec des murs en planches et des toits de palme. Malgré l'abandon total de l'État qui avait déplacé ces populations suite à la création de réserves de biosphère, les nouveaux venus avaient réussi à recréer un espace de vie au cœur de la végétation. Chacun avait droit d'usage sur une parcelle de cinquante hectares. L'agriculture traditionnelle pourvoyait aux besoins primaires de tous, et les chasseurs puisaient dans la forêt tout en veillant à son équilibre. Il n'y avait pas d'électricité, l'eau potable manquait, l'accès aux soins était très difficile, mais la communauté tenait bon. Les décisions étaient prises avec l'assentiment de tous sous l'*aljibe*, un grand préau muni d'une réserve servant à récupérer l'eau de pluie. Chacun, parfois au prix d'interminables palabres, savait se ranger ou plutôt s'additionner au collectif. Antonio, moteur discret mais infatigable du dynamisme communautaire, m'avait dit un jour : « *si la communauté est heureuse, alors je peux être heureux* ».

Au lieu de revenir tous les soirs au bureau de l'ONG, nous nous arrangions, Albert et moi, pour rester le plus souvent possible dormir chez ce père de famille intarissable, à débattre sous son avocatier des subtiles différences entre les langues mayas tzeltal et yucatèque, ou à deviner, en voyant des enfants passer, de quelle famille ils venaient. Antonio avait connu les prêtres rouges, qui avaient sillonné le Chiapas au tournant des années 1970 et 1980, préparant le terrain au futur soulèvement. Puisait-il là son engagement ? En tout cas, la vie à la Mancolona nous faisait sentir l'intelligence collective que proposait le zapatisme. Une forme d'organisation libertaire concrète, dans la

simplicité et la patience du quotidien. Cela faisait écho en moi à une construction idéologique faite d'intuitions et de lectures. Pour Albert aussi. À une nuance près, de taille : sa culture maya le rattachait de manière plus profonde à cette histoire.

La bise et un abrazo

Albert m'a donné rendez-vous au terminal de l'ADO – la gare routière – de Mérida, la capitale d'État du Yucatan. Le timing est serré, Sara et Yamili m'attendent à la descente de mon bus. La dernière fois que je les ai vues, la compagne et la sœur d'Albert avaient 15 et 17 ans et ne se connaissaient pas. Aujourd'hui, ce sont deux femmes décidées et complices qui prennent en main notre commande dans un bruyant petit restaurant ouvert sur la rue. Nous voilà bien étonnés devant le plat de tacos, ne comprenant pas très bien le sens de nos retrouvailles, mais revenant vite et avec plaisir sur ces mois du printemps 2004 où nos vies se sont croisées. Trois quarts d'heure plus tard, elles me donnent les clés de la voiture familiale, et je les salue. Elles montent dans un autobus, pour San Cristóbal, au Chiapas, où elles vont suivre une formation d'une semaine à la gestion communautaire des conflits. Dans la même minute, Albert descend de son bus à lui, en provenance de la capitale, Mexico. Je suis toujours aussi gauche pour donner les accolades qui ne se font pas chez moi – il m'est

plus facile de signer mes e-mails en espagnol d'*abrazos*. Pour rendre la pareille de la gêne à Albert, je lui claque une bise, ce qui a encore aujourd'hui le don de le déstabiliser. « *Que faire à Mérida ?* me lance-t-il. *Pas grand-chose à part aller aux cantinas ! Enfin, il y a bien des activités pour touristes, comme visiter les bâtiments construits sur les temples mayas, par exemple !* » Ce soir-là, nous n'arrivons même pas à trouver un de ces bars restaurants qui, avec les accordéons de corridos, font le ciment du Mexique. Nous finissons dans un café rock qui passe de la bachata.

Passé le constat partagé que nous vivons dans une course permanente, loin de nos rêves de sages paysans, nous retrouvons, devant un burger, notre grammaire, faite de mon espagnol approximatif et de son humour mexicain. La seule évolution notable de nos échanges étant le langage inclusif, qui donne de nouvelles perspectives aux jeux de mots.

Nous poursuivons notre discussion pendant l'heure et demie de route qui nous mène de Mérida à Sanahcat. Puis autour de notre première *caguama*, bière à partager au nom de grosse tortue marine, nous nous remémorons celles et ceux que nous avons connus. On rit, on opine, on exagère. C'est bon, on n'a pas perdu nos 20 ans. Même si les cheveux d'Albert ont poussé, et nos ventres aussi. Surpris de m'en sortir parfaitement avec mon hamac, je m'endors la tête pleine d'images et d'interrogations.

Le réveil se fait au chant du coq, d'autant plus que celui d'Albert semble m'avoir pris en grippe et s'est posté à deux mètres de mon hamac. Ma chambre est ouverte sur le *solar,* la basse-cour traditionnelle plantée d'arbres fruitiers, parcourue de dindons, canards et poules. Ce matin, je vais enfin découvrir Sanahcat, le fief d'Albert et de ses aïeuls, où il a décidé de retourner vivre. Je savais bien qu'il venait d'une autre histoire que celle de la jungle de Calakmul. Ici, plus près de la mer, au cœur de la péninsule du Yucatan, pas d'ambiance tropicale, mais une impression de friche arbustive et épineuse infinie, que seuls interrompent des murets de pierres sèches calcaires plus ou moins effondrées. Le village, quadrillé de rues perpendiculaires, est composé de maisons de parpaings aux fondations apparentes et démesurées. Il ne reste plus que quelques bâtisses traditionnelles en terre rouge et bois, aux pignons joliment arrondis. Une église du XVIe siècle trône au centre, à proximité du terrain de basket couvert, de l'école et de la mairie. Ce paysage traumatisé tranche avec la tranquillité de ses habitants. Ici, tout semble en attente, comme l'extension des maisons.

Albert a terminé sa maîtrise de biologie. Il s'est marié avec Sara, a eu trois enfants et a travaillé dans des projets de développement de l'ONG grâce à laquelle nous nous sommes connus, avant de s'installer ici. Sa famille a maintenant sa parcelle au sein de l'*ejido,* comme les familles que nous avions accompagnées vingt ans plus tôt. La sienne se trouve à deux kilomètres de la maison, après le terrain de foot. Ce matin, je m'y rends à 6 heures pour profiter de la fraîcheur. C'est l'heure où l'on croise, sur la route de pierre blanche qui s'enfonce dans la savane arborée, des petits troupeaux de zébus, pas très épais en cette saison sèche, et les grands-pères, sac en bandoulière et machette à la main, qui partent préparer leurs cultures. Ils prennent le temps de s'arrêter pour me saluer : « *Vous allez au chile feliz ?* »

Les fous du pich

Le *chile feliz,* le « piment heureux », c'est le nom donné à la parcelle d'Albert par son père, qui y a cultivé la plante de manière intensive dans les années 1990. Jusqu'alors, les paysans produisaient le sisal, exporté pour ses fibres. Quand le marché du sisal s'est effondré, l'État et la Banque rurale ont mis en place des programmes pour financer d'autres cultures. Le paternel n'y a rien gagné, mais y a laissé sa santé et ses illusions : il a fini par travailler comme maçon à Mérida, partant avant le lever du jour et revenant de nuit. Cette période a été particulièrement marquante pour mon ami. L'argent manquait et il voyait son père beaucoup souffrir. C'est à ce moment-là qu'il a décidé d'étudier l'agronomie, pour trouver une issue et, pourquoi pas, relancer ce sisal qui finalement donnait plus de sécurité à ses parents.

Le retour à la terre d'Albert a été officialisé au pied du *pich*. C'est le nom maya pour le grand arbre aux fruits en forme

« Pour nous, Mayas, la notion de communauté s'étend à la nature. On ne peut pas défendre la nature sans s'opposer aux violences faites aux femmes. »

YAMILI CHAN DZUL RESPONSABLE DES APPRENTISSAGES COMMUNAUTAIRES À U YICH LU'UM

d'oreilles, à l'entrée de sa parcelle. En 2013, avec sa sœur et son frère, ils y ont réuni leurs parents pour leur annoncer qu'ils voulaient reprendre le terrain pour développer un projet collectif. « *Ils nous ont pris pour des fous, mais au fond de leur cœur ils étaient avec nous* », se souvient Yamili, la sœur d'Albert. Elle aussi travaille ici, dans cette structure hybride entre centre de recherche et ONG : U Yich Lu'um, « Le Fruit de sa terre » en maya, regroupe des activités agricoles – pour faire revivre l'agriculture traditionnelle et gagner en autonomie alimentaire – mais aussi éducatives destinées aux enfants du village – sur la faune et la flore, la langue maya, les rapports de genre, les relations de violence, etc.

Les frères ont également demandé que le titre d'usage du terrain soit transmis à Yamili. Pour la première fois, une femme allait siéger à l'assemblée, socle de la communauté villageoise. Jusqu'alors « *les hommes faisaient taire les femmes* », dénonce Yamili avec une émotion tranchante et claire. Dorénavant, « *en tant qu'ejidataria, ma parole vaut la leur. Pour mes frères, c'était normal. Pour certains voisins, c'était plus difficile à accepter* ». Cette décision s'inscrit dans une réflexion plus globale encore : « *Pour nous, Mayas, la notion de communauté s'étend à la nature. On ne peut pas défendre la nature sans s'opposer aux violences faites aux femmes. Les combats pour l'écologie ne peuvent être détachés des combats de genre.* » Du haut de sa trentaine, la cadette des Chan Dzul est également représentante du Yucatan au sein du Conseil national indigène, entité liée au zapatisme, qui combat pour l'autonomie des peuples au Mexique, contre ce que ses membres nomment « *le capitalisme patriarcal* ». Yamili sourit : « *C'est grâce à Albert, il m'a fait lire tellement de textes sur le zapatisme quand j'étais ado… J'ai voulu me former à une discipline qui me permette de ne plus avoir honte de ma famille, de nos noms mayas, de ce que nous sommes. J'ai étudié l'anthropologie, puis j'ai passé une maîtrise d'éducation populaire, pour travailler avec des enfants hors de leur temps scolaire et leur permettre d'avoir un espace pour s'épanouir en dehors de contextes familiaux souvent violents.* »

Au pays du macho

Il y a vingt ans, Albert me confiait déjà la difficulté d'être féministe au pays du macho *mejicano*. Peut-être que le changement le plus profond se situe là aujourd'hui : les femmes occupent une place centrale dans l'organisation, la pensée collective, les prises de décisions et les développements concrets des projets. Sara, la compagne de mon ami maya, est à la tête de U Yich Lu'um, qui compte maintenant neuf salariés. Quatre travaillent dans la partie productive, notamment de légumes, cinq se consacrent à l'administration de l'association et aux projets socio-éducatifs. Albert a la charge de dénicher les financements pour faire tourner la structure. « *Ça fait trois ans que nous avons*

> « On a découvert que [le maïs] n'était pas une simple céréale, comme on dit en Occident, c'est une force, une énergie, un souffle qui habite le grain. »

PEDRO UC POÈTE MAYA CONTEMPORAIN

trouvé un équilibre économique. Avant, c'était très difficile », soupire mon ami.

Au pied du *pich*, le sol apparaît extrêmement âpre pour un paysan béarnais habitué aux vertes prairies et aux forêts. Des bandes argileuses rouges s'étalent entre les affleurements de roche calcaire sur lesquels pousse un maquis épineux dense et sec. Il est bien difficile d'imaginer cette terre offrir assez de ressources pour faire vivre les grandes cités mayas, qui ont abrité jusqu'au XIVe siècle des dizaines de milliers de personnes, voire des centaines de milliers pour les plus importantes. Mais si elle l'a fait, elle le peut encore. Albert entreprend de me faire la visite.

Un combat vital

Un petit chemin monte à gauche jusqu'à un bâtiment en construction, aux extrémités arrondies, ressemblant aux maisons traditionnelles mayas en bien plus grand et qui abrite une salle de classe, bientôt terminée. Plus loin, une pépinière couve des dizaines de *ramones*, des arbres fourragers qui dynamiseront le maquis. Un verger tout proche accueille des ruches pour les abeilles mélipones, et des bacs pour les lombrics. Albert file et je suis son catogan – il faut que je pense à lui demander s'il s'est laissé pousser les cheveux pour affirmer sa « mayitude ».

Nous arrivons au jardin où travaillent Carlos, Ariel, German et Rodolfo, quatre voisins, anciens maçons à Mérida. Passé un portillon en grillage, la vie éclate. Les plants de tomates et d'aubergines ploient sous les fruits, les planches sont remplies de coriandre, salades et piments. La terre rouge et argileuse se fait plus douce. Derrière le muret de pierres commencent à se former de petits ananas au cœur de leurs cactus.

« *Albert, tu ne m'avais pas dit que vous aviez des cochons ?*

— *Si, ils sont dans leur grange avec les moutons, derrière les deux hectares où on prépare le brûlis de la milpa.* »

La milpa – *kool* en maya – est une technique d'association de cultures, à la base du système alimentaire de Mésoamérique, qui a nourri pendant près de trois mille ans la civilisation maya. Dans ces espaces de production annuelle, on sème à la main trois plantes sœurs ensemble : le maïs, la calebasse et le haricot rouge. Mais *kool* signifie aussi « notre âme » : la milpa est le lieu du maintien de la relation des vivants et non-vivants à leur territoire. La faire revivre, c'est retisser cette relation. Albert, avec un air grave que je lui ai rarement vu, me dit : « *Nous sommes persuadés que nous avons un lien particulier avec l'environnement naturel, ce lien nous constitue. En revenant à la milpa, nous retournons à notre place.* » Une interconnexion à la fois matérielle et spirituelle, dans laquelle le maïs joue un rôle sacré, comme l'écrit Pedro Uc, poète maya contemporain : « *La culture du maïs, chair et sang de la femme et de l'homme mayas, nous a permis de rêver, de croire, de créer un lan-*

gage et une langue singulière grâce auxquels nous communiquons avec l'âme – ool – de ce fruit. On a découvert que ce n'était pas une simple céréale, comme on dit en Occident, c'est une force, une énergie, un souffle qui habite le grain. Ce n'est pas pour rien que l'on appelle "inaj" la semence, ce qui signifie la maison du vent, de l'énergie, du ool. »

Lors d'une veillée à Calakmul il y a vingt ans, Albert m'avait demandé : « *ETA, ils tiennent combien d'hectares ?* » À l'époque, sa question m'avait fait beaucoup rire. Je pensais qu'il réfléchissait selon un logiciel guévariste : groupe armé, territoire, Sierra Madre, expansion de la révolution… Je comprends aujourd'hui que le territoire revêt un sens plus profond pour mon ami : il représente à la fois l'espace de vie et de production où se recrée, dans l'apparente simplicité du travail de la terre, un mode de rêver ensemble. Sur la milpa, le *ool*, l'âme, l'énergie de vie, se maintient et se développe dans l'acte de semer. Lorsque ce travail est collectif, le *ool* devient un souffle où s'additionnent les aspirations et les forces. « *Mon grand-père a connu l'époque où la milpa se travaillait de manière collective, les paysans regroupant leurs parcelles pour y travailler* », m'explique, nostalgique, Albert quand nous terminons la visite par 35 degrés à 10 h 30 dans ce Mexique sans *sombreros*.

Mon ami lit le combat des zapatistes avec des yeux profondément mayas, je ne m'en rends compte que maintenant. Ici, lutter pour son territoire n'est pas une tactique révolutionnaire, c'est un combat ordinaire, vital. La propriété privée était étrangère à l'Amérique précoloniale. D'ailleurs, le « *terre et liberté* » scandé par Zapata en 1910, et qui a inspiré les zapatistes des années 1990, était un cri de révolte non pas pour demander un transfert de propriété des terres, mais pour que celles-ci reviennent à un usage collectif.

Stylos et grains

Depuis mon arrivée, Albert a des allures de *trader* en télétravail à la campagne. Entre les conférences téléphoniques et les séances d'ordinateur, il n'a pas une seconde à lâcher pendant la journée. C'est dans la fraîcheur du soir que nous discutons de la vie. Mon ami me demande à quoi ressemblent mes vaches. Je lui montre une photo que vient de m'envoyer ma mère, responsable temporaire du troupeau à Aramits. Oui, c'est beau, l'herbe est grasse et les bêtes sont deux fois plus grosses que celles de son village. Mais je lui explique que je vois surtout, à l'arrière-plan, le mauvais état de la clôture et de la haie. Que mon grand-père me foutrait des claques. Albert sourit, il me comprend.

La légende familiale des Chan Dzul veut que les parents, suivant une coutume maya, aient déposé dans son berceau des stylos pour lui garantir un avenir studieux. Le grand-père serait passé après, y déposer des grains de maïs. Aujourd'hui, ce grand-père qui n'a eu de cesse de donner à ses petits-enfants le goût et le savoir de la terre serait fier du chemin parcouru par son petit-fils, lui qui a dû vendre sa milpa parce que personne ne s'en occupait au village. «*J'en ai pleuré*», confie Albert dans sa cuisine, construite par l'aïeul. Nous baissons les yeux pour fixer la table. Mon lien à la terre s'est noué sur des émotions semblables. Le village de mon père, entre Béarn et Pays Basque, a perdu plus de la moitié de sa population en trente ans. «*Il y a bien longtemps qu'on a entendu le rire d'un enfant dans le quartier*», a glissé un jour mon oncle berger avec tristesse. Mon grand-père n'a pas déposé de veau dans mon berceau, mais je porte son prénom. Passionné de livres et curieux du monde, il avait relancé la ferme familiale au sortir du stalag et de la Seconde Guerre mondiale. C'est sur ses terres que je travaille aujourd'hui. Peut-être le sentiment fraternel qui me rapproche d'Albert se nourrit-il de cette conscience mâtinée de culpabilité.

Un monde se déchire

Quand je suis rentré de mon premier séjour au Mexique, après avoir terminé mon parcours universitaire, j'ai travaillé sept ans durant dans un syndicat paysan basque. Cela m'a permis de défendre une agriculture qui avait fait vivre ma famille, mais aussi d'approfondir ma compréhension d'un monde rural en mutation. Mutations qui engendrent des drames individuels silencieux. J'ai accompagné des dizaines

de paysans subissant des décisions dont la rationalité scientifique et administrative allait souvent à l'encontre de la réalité du terrain. Une grande partie de la violence se situe là aujourd'hui : si une mesure ou une amélioration technique ne fonctionne pas, alors tout l'échec repose sur l'agriculteur. Or les échecs répétés poussent des personnes souvent seules à cesser l'activité et à couper le lien transgénérationnel à la terre.

Avec d'autres, nous luttions au syndicat pour que les paysans, même de petites exploitations, puissent percevoir les aides européennes. Dans le même temps, le libre-échange, qui avait poussé des cultivateurs mayas à se soulever, percutait aussi de plein fouet les campagnes pyrénéennes. En 1992, quand l'EZLN votait la guerre là-bas, la France agricole se déchirait et manifestait violemment contre les orientations prises dans le cadre de l'Uruguay Round, cycle de négociations internationales ayant abouti à la création de l'Organisation mondiale du commerce. La puissante FNSEA (Fédération nationale des syndicats d'exploitants agricoles), poussant d'abord les agriculteurs à aller dans la rue, avait rapidement accepté que la production agricole européenne entre sur ce vaste marché mondialisé. Les producteurs allaient devoir désormais vendre aux prix des cours mondiaux, particulièrement bas. Leurs pertes seraient compensées par des subventions allouées en fonction des surfaces et de la productivité. Autrement dit, les propriétaires d'exploitations les plus grosses et les plus productives allaient bénéficier de la majorité des aides. La froideur statistique

masque mal une apocalypse : en France, en trente ans, le nombre de fermes est passé d'un million à 500 000. Ce qui a été vécu à l'échelle de mon village s'est produit dans toutes les campagnes.

Vers l'inframonde

Rodolfo s'engage dans un layon, je lui emboîte le pas, Albert ferme la marche. Nous partons explorer une lagune avec le voisin, qui travaille aussi pour U Yich Lu'um. Comme il y a vingt ans, nous voilà dans la forêt, débattant avec un troisième camarade, que nous interrogeons sur le nom des plantes en maya. Nous repérons les traces de dinde sauvage ou de cerf quand, tout à coup, la végétation verdit et se fait plus haute. « *Mira !* s'emballe Albert – "Regarde !". *Des orchidées !* » Au son de l'exclamation, deux oiseaux à la queue prolongée de plumes irisées surgissent d'une masse fraîche et sombre, dissimulée derrière des lianes parsemées des fleurs favorites de mon ami. Un cénote ! C'est la première fois que j'en vois un. Il s'agit d'une cavité dans le sol, qui donne accès à l'une des plus grandes réserves souterraines d'eau du continent américain, courant sous la roche blanche du Yucatan – la même qui alimentait les grandes cités. C'est aussi une porte vers l'inframonde des Mayas. La région de Sanahcat en est constellée.

Alors, comme il y a vingt ans dans la jungle de Calakmul, nous nous asseyons et discutons du sens de ce que nous avons observé. De l'impossibilité de donner une valeur à une telle richesse, du système de goutte-à-goutte qui pourrait être tiré depuis la cavité pour arroser des légumes, des roches sur lesquelles pourrait être posé un rucher à mélipones... Rodolfo ne veut plus travailler à Mérida, ni vendre sa parcelle – il a subi la pression de voisins qui voulaient le pousser à la vendre. Je sais que ces mots sonnent comme une victoire pour Albert.

À quelques centaines de mètres de la parcelle surgissent les ruines d'anciennes écuries. Sur un tertre, une grande maison coloniale éventrée laisse s'échapper des frondaisons de ficus à ses fenêtres. Ce sont les restes d'une dépendance de l'hacienda du village. « *Construite sur les fondations d'un temple des anciens* », précise Rodolfo. En 1519, lorsque les premiers Espagnols touchaient les berges du Yucatan, mes ancêtres commençaient à construire la maison où j'habite. Le village d'Albert, lui, n'existait pas. Mais les conquistadors avaient droit à une récompense – la *mercedes* – pour leurs efforts, offerte par leur capitaine et sujette à l'approbation du roi. Il s'agissait le plus souvent de terrains, marquant le début de la propriété privée sur les terres mayas. Les autochtones étaient regroupés et confiés au colon qui les exploitait. Sanahcat, le village d'Albert, est né du rapprochement des habitats dispersés en un seul village ou paroisse, en vue de l'évangélisation et de l'asservissement.

Avec le développement des haciendas de sisal, cette organisation a duré près de deux siècles et transformé le Yucatan en une

Je revois les irréparables saignées dans la forêt yucatèque, causées par le mégaprojet de train maya, destiné à relier les pôles touristiques côtiers aux sites archéologiques.

immense monoculture. Il faut dire que la plante a deux facultés exceptionnelles : elle pousse quasiment sur la roche, sans eau ni engrais, et possède des fibres extrêmement résistantes. Pour moi, la couleur blonde du sisal, son odeur âcre et chaleureuse, son tranchant me renvoient avec plaisir aux dernières bottes de foin carrées de la ferme familiale, au tournant des années 1980. Pour Albert, c'est une culture qui a rasé la forêt maya et exposé son grand-père à des scènes inouïes de violence : les journaliers qui ne faisaient pas leur quota de ballots étaient attachés et fouettés au sang. Après la réforme agraire, à la fin des années 1930, qui a redonné les terres aux communautés, c'est l'État qui a pris en main la transformation et la commercialisation du sisal. Les paysans sont passés du statut de quasi-esclaves à celui de petites mains d'un capitalisme d'État. Et ce jusqu'aux années 1980, quand le marché du sisal s'est effondré avec l'avènement des cordes synthétiques.

Aujourd'hui, les projets agricoles que le gouvernement a promus – sisal, piment, vaches – ont tous cessé. Pour mon dernier jour, nous présentons la récolte hebdomadaire d'Albert et ses collègues sur la place principale du village, à côté du vendeur de tacos. Pour la première fois depuis des années, des denrées cultivées à Sanahcat y sont vendues. En une heure, nos étals sont vides. « *Nous pourrions vendre trois fois plus cher au marché Slow Food de Mérida*, sourit mon ami. *Mais pour atteindre l'autonomie alimentaire du village, nous préférons rester ici, dans l'espoir de susciter des vocations.* »

En haut de l'escalator qui mène à l'embarquement, à l'aéroport, une exposition de photos dont les légendes sont écrites en maya et traduites en espagnol retrace le passé archéologique du Yucatan. Ma gorge se noue : ces panneaux sont presque cachés, comme si les voyageurs ne devaient pas trop savoir où ils avaient mis les pieds. J'entends Yamili, la sœur de mon ami, me raconter le profond racisme subi encore aujourd'hui. Je revois les irréparables saignées dans la forêt yucatèque, causées par le mégaprojet de train maya, destiné à relier les pôles touristiques côtiers aux sites archéologiques – projet initié par ce même Andrés Manuel López Obrador que nous soutenions il y a vingt ans, devenu entretemps président et soutien des grands constructeurs. Je ressens à nouveau ma stupeur quand Rodolfo m'a donné le prix du maïs qui sert de repas à ses bœufs : le même qu'à la bourse de Chicago, ou à la coopérative de ma commune.

Et puis ma gorge se dénoue au souvenir des saluts brefs et amicaux lancés par mon frère maya quand il se promène dans son village. « *Héou !* » Les mêmes onomatopées campagnardes que je me surprends à utiliser chez moi. Le visage maculé de terre rouge d'Ixchel, la fillette d'Albert au milieu des rangs de tomates. Je vois Felipe, son grand frère, moquant le gringo venu lui apporter son goûter en retard, au portail de l'école. Quelques minutes plus tôt, j'ai pris une grande inspiration pour donner des *abrazos* à mes amis. « *Reviens, c'est bien de t'avoir par ici.* » Non, « *c'est à votre tour de venir* ». XXI

« Voir des femmes reprendre le pouvoir sur leur vie a été très important pour moi »

L'écrivaine **Lola Lafon** raconte sa rencontre avec le mouvement zapatiste, et comment celui-ci a influencé sa pensée, son engagement et son écriture.

Lola Lafon : « Je n'aime pas la littérature qui impose. J'aime celle qui expose et ne cherche pas à convaincre. »

XXI Comment avez-vous découvert le mouvement zapatiste ?

J'ai grandi dans une famille militante, communiste. Mes parents ont choisi de quitter la France et d'aller enseigner la littérature française en Bulgarie et en Roumanie, par conviction... La politique était omniprésente à la maison. C'étaient des débats à n'en plus finir, mais qui me semblaient un peu virtuels. Le quotidien me paraissait comme détaché des discours. J'ai été témoin de la grande déception de mes parents quant à leurs idéaux et j'ai développé une méfiance tenace envers les partis. Leur côté hiérarchique m'insupportait, tout comme la façon dont de simples militants n'avaient aucun pouvoir. À l'âge de 13 ans, j'ai été victime d'une agression sexuelle quand je suis arrivée en France et j'ai commencé à dévisser. À 23 ans, j'ai été victime d'un viol qu'on dit conjugal : je connaissais l'agresseur. C'était bien avant Me Too, et j'avais l'impression de vivre une histoire qui n'était arrivée qu'à moi. Sans le formuler comme tel, j'ai été en quête d'une réponse collective à mon expérience individuelle, ou peut-être que j'ai cherché, aussi, à quitter un monde de silence. Je me suis rapprochée des milieux autonomes, à la faveur de concerts. Ça a été un coup de foudre idéologique. J'y ai trouvé des amitiés, une entraide et une solidarité très fortes. Le quotidien était pensé politiquement. J'ai découvert les repas à prix libre, qu'on pouvait se mobiliser à peu et que ça comptait, que j'avais le pouvoir de « faire » des choses pour qu'elles changent. Dans le squat où je vivais, on se questionnait sur l'amour, l'amitié, l'habitat, ce qu'on vivait là, tout de suite. C'était très concret. Peu à peu, j'ai politisé ma colère qui, jusqu'alors, se retournait contre moi. Je suis allée dans mes premières réunions féministes non mixtes. J'entendais les récits d'autres qui me ressemblaient. Je n'étais plus seule. Un jour d'hiver 1994, un copain m'a dit qu'il fallait absolument qu'on aille à une manif'. C'était le premier rassemblement à Paris en soutien au soulèvement zapatiste. Je me souviens du choc que j'ai ressenti.

Pourquoi la découverte du zapatisme a-t-elle été un choc ?

L'EZLN [l'Armée zapatiste de libération nationale, ndlr] a immédiatement placé les enjeux liés à la communauté LGBT et aux femmes au cœur des revendications. Un tiers des « combattants » étaient des femmes. En groupes autonomes, elles avaient des requêtes spécifiques sur ce qu'elles voulaient

PATRICE NORMAND / LEEXTRA VIA OPALE.PHOTO

voir changer au quotidien. Elles tenaient le premier rôle, finies les subalternes. C'était un moment où je me sentais écrasée, et voir des femmes reprendre le pouvoir sur leur vie a été très important pour moi. La politique a pris un sens internationaliste aussi : il y a eu une grande solidarité mondiale avec des gens qui ne nous ressemblaient pas, mais avec qui on partageait des choses essentielles.

Qu'est-ce qui vous a paru novateur dans ce mouvement ?

J'y ai trouvé un refus de la hiérarchie, de la figure du leader : tout le monde était interchangeable, dans le bon sens du terme ! Se faire appeler sous-commandant, c'est quand même tout un programme... L'un des slogans zapatistes les plus connus disait : *« Nous sommes tous Marcos »*. Pas de chef. Pas de culte de la personnalité,

> « Il faut se défier de celles et ceux qui prétendent qu'on n'a pas le choix, ou qui affirment avoir "la" solution politique. »

ce travers de tous les mouvements révolutionnaires précédents qui, ce faisant, contredisaient l'essence de leurs propos. Il n'y avait pas non plus le projet de faire du Chiapas un éden. Mais on y *« changeait la vie »*. Les débuts du mouvement ont clairement exprimé, dans des communiqués, qu'il fallait savoir renoncer, questionner ce en quoi on avait cru – ses convictions politiques, le guévarisme... Et puis l'humour rythmait les communiqués de presse du sous-commandant Marcos, c'était novateur et si loin de la langue de bois marxiste. La langue est politique, et ces communiqués étaient, dans leur forme, révolutionnaires. Ça aussi, je l'ai trouvé dans le zapatisme : ne pas glorifier la mort, le martyre, ou les armes, qui, dans leur cas, étaient si rudimentaires ; mais ce qui naît, ce qui vit. C'était une célébration de la vie, et c'est ce qui a motivé mon désir de le soutenir.

Comment l'avez-vous soutenu depuis la France ?

J'étais proche d'un comité Chiapas, qui organisait des repas en soutien à l'EZLN. Puis il y a rapidement eu des échanges : des gens de là-bas sont venus ici et des militants européens se sont rendus sur place. Les zapatistes invitaient à faire vivre leurs pratiques un peu partout, à différentes échelles. Ça a été mon éducation politique : révolutionner le quotidien. Se garder de l'héroïsme. Inventer une langue politique nouvelle.

La rencontre avec le mouvement zapatiste a-t-elle influencé votre écriture ?

Peut-être... Je n'aime pas la littérature qui impose. J'aime celle qui expose et ne cherche pas à convaincre. D'où ma sensibilité aux textes de l'EZLN, dans lesquels je trouvais un souci de la langue et de la poésie, loin des tracts que j'avais lus et qui me semblaient coincés dans une langue morte, aux expressions toutes faites. C'était tellement nouveau. Dans tous mes écrits, on retrouve des gens qui tâtonnent, qui essaient : des gens faillibles qui doivent apprendre. Dans mon premier roman (*Une fièvre impossible à négocier*, éd. Flammarion, 2003), il est d'ailleurs question des zapatistes.

Trente ans après le soulèvement, que sont devenus vos idéaux ?

Ils sont bien là. Je me range du côté de la multitude de groupes qui continuent de lutter contre l'idée qu'il n'y aurait aucune alternative au capitalisme. Tant de mouvements surgissent, dans le monde entier. Mais ils subissent nettement plus de répression que quand j'étais militante. Ce qu'on faisait était souvent symbolique, mais aujourd'hui cela me mènerait en prison, tant toute action politique est criminalisée. Dans *Une fièvre impossible à négocier*, le collectif fictif Étoile Noire Express débarque dans une soirée officielle à l'ambassade du Mexique. Aujourd'hui, ce genre d'opération non violente serait sévèrement punie. Plus que jamais, je crois qu'il faut se défier de celles et ceux qui prétendent qu'on n'a pas le choix, ou qui affirment avoir « la » solution politique. Il y en a plein, des solutions, minuscules, parfois, à additionner. Il faut essayer, en dépit de tout, essayer quand même, c'est aussi ce que le zapatisme m'a enseigné : ils ont surgi contre toute attente, en dépit de leur faiblesse militaire, numérique, et ils sont toujours là.

PROPOS RECUEILLIS PAR ELSA FAYNER ET LÉONE LAALI

« Les femmes zapatistes ont dénoncé le racisme au sein du féminisme »

Ophélie Parent est anthropologue, photographe, doctorante à l'EHESS spécialiste de l'engagement des femmes dans les mouvements autochtones mexicains.

XXI Comment les femmes ont-elles été impliquées dans les origines du zapatisme ?
En 1994, date du soulèvement, l'Armée zapatiste de libération nationale (EZLN) comptait dans ses rangs des femmes de tous grades. Cette particularité puise son origine dans les différents courants qui ont inspiré le mouvement. La rébellion est née, en effet, de la longue histoire coloniale et postcoloniale de confiscation des terres autochtones au Mexique, mais une rencontre clé a donné son expression concrète à ce mécontentement généralisé.

Quelle rencontre a été si cruciale ?
En 1983, quand le sous-commandant Marcos et une poignée de guérilleros du FLN – Front de libération nationale, une organisation marxiste-léniniste – arrivent au Chiapas, ils découvrent des Indiens qui se sont structurés avec l'aide des prêtres et militants de la théologie de la libération. Ce courant de pensée, au carrefour de la religion catholique et des sciences sociales, propose une lecture critique du capitalisme et du néolibéralisme et prône la libération des peuples. Il est implanté dans la zone depuis les années 1970. Dans son sillage, de nombreuses ONG et des féministes métisses sont venues travailler auprès des femmes mayas chiapanèques. En parallèle, le diocèse de San Cristóbal de Las Casas a fondé sa section de femmes. C'est cette rencontre entre le FLN, la théologie de la libération et les autochtones qui a débouché sur le zapatisme et sa dimension féministe.

Début 1994, quelques heures avant irruption des zapatistes dans les villes du Chiapas, les femmes de l'EZLN ont publié un communiqué. Que contenait-il ?
Il s'agit de la loi révolutionnaire des femmes. C'est le fruit d'une très large consultation menée auprès des communautés chiapanèques par les femmes autochtones impliquées dans la rébellion, dont la commandante Ramona. Le texte détaille en dix points – ils seront étoffés par la suite – leurs revendications en matière de santé, d'éducation, d'égalité de salaire et de droits, notamment en ce qui concerne leur participation politique au sein du mouvement. Il condamne les violences faites aux femmes et le mariage forcé. C'était très nouveau, car la majorité des femmes mayas chiapanèques étaient illettrées : aucun texte abordant ces sujets n'avait encore été écrit de leurs mains. Cette déclaration démontre la capacité d'organisation des militantes de l'EZLN et va inspirer

Quatre mille ans d'histoire

La civilisation maya émerge vers 2500 avant J.-C., et les principales cités entre 250 et 900 de notre ère, avant de subir un effondrement, expliqué par moult hypothèses divergentes. La conquête espagnole, au début du XVIe siècle, pose les jalons de relations conflictuelles entre pouvoir central et autochtones.

La terre au cœur des luttes zapatistes

1821
Le Mexique devient indépendant du royaume d'Espagne

1910-1920
Révolution mexicaine, contre la dictature de Porfirio Díaz

Adoption de la constitution mexicaine en 1917, qui démembre les latifundia et restitue les terres aux communautés paysannes, sous la forme d'*ejidos* (parcelles collectives communales).

1934-1940
Présidence de Lazaro Cardenas, qui accélère la réforme agraire prévue par la constitution de 1917.

de nombreuses organisations féminines autochtones, au Mexique et sur l'ensemble du continent. En 2018, un pas de plus est franchi quand María de Jesús Patricio Martínez est portée candidate à l'élection présidentielle mexicaine par le Congrès national indigène, soutenue par l'EZLN. C'est la première femme autochtone à se présenter.

Quel a été l'apport des femmes zapatistes au mouvement féministe au-delà du Mexique ?

Elles ont beaucoup dénoncé le racisme au sein du féminisme. Elles ont en effet été fortement discriminées par les féministes métisses urbaines mexicaines et les féministes occidentales venues en masse au Chiapas. Les femmes mayas ont tenu à développer leurs propres approches. Elles ne se reconnaissent pas dans le terme de féminisme et, aujourd'hui encore, se définissent en tant que femmes, pauvres et indigènes, insistant sur l'intersection des oppressions, de race, de classe et de genre. C'est l'un de leurs principaux apports, tant au niveau scientifique que militant, et elles restent très écoutées. En 2018, elles ont rassemblé plus de 7 000 personnes lors d'une rencontre internationale de femmes. Et si María de Jesús Patricio Martínez n'a pas réussi à réunir dans les temps les signatures de soutien nécessaires à sa candidature, cette campagne a ouvert un espace permettant de faire entendre la voix des peuples et des femmes indigènes sur les multiples violences et discriminations qu'ils et elles vivent au quotidien.

PROPOS RECUEILLIS PAR JULIEN ILADOY

À lire, à voir

Rodez-Mexico
de Julien Villa
éd. Rue de l'échiquier, 2022
Une plongée dans le Sud-Ouest périurbain français, les rêves du sous-commandant Marcos et l'exaltation pour les ZAD. Julien Villa est dramaturge, *Rodez-Mexico* son premier roman. Ce livre est l'étincelle qui a déclenché mon retour au Mexique.

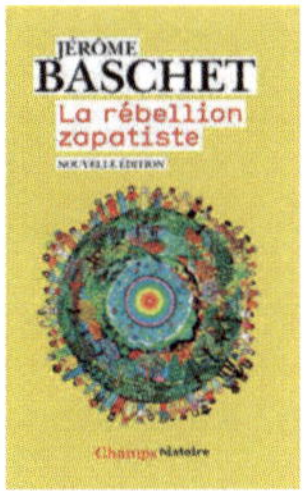

La rébellion zapatiste, Insurrection indienne et résistance planétaire
de Jérôme Baschet
éd. Flammarion, 2005
Livre référence en français sur le mouvement zapatiste, ses idées et ses valeurs. L'auteur explique aussi avec clarté et érudition l'influence chiapanèque au-delà du Mexique. Jerôme Baschet est historien, il a enseigné à l'EHESS, puis à l'université autonome du Chiapas (Mexique).

La porte-parole
documentaire de Luciana Kaplan, 2020 (sur Netflix)
María de Jesús Patricio Martínez, surnommée Marichuy, porte-parole du Congrès national indigène, est la première femme autochtone candidate à l'élection présidentielle mexicaine. Yamili, la sœur d'Albert, est une protagoniste du film, dans lequel on peut voir le village de Sanahcat et apercevoir le catogan d'Albert.

1992
Modification de la constitution
Les *ejidos* peuvent être privatisés et vendus. L'Armée zapatiste de libération nationale (EZLN) et les communautés indigènes votent la guerre contre l'État et l'armée mexicaine.

1994
Entrée en vigueur de l'Alena
(accord de libre-échange nord-américain)

Soulèvement armé, le 1er janvier, et première « déclaration de la forêt Lacandone », manifeste de l'EZLN qui officialise la déclaration de guerre.

1996
Déclaration de l'EZLN contre le néolibéralisme et pour la liberté, et création du Congrès national indigène.

Signature des accords de San Andrés, entre l'EZLN et le gouvernement mexicain d'Ernesto Zedillo, reconnaissant les droits indigènes. Ils ne seront jamais appliqués.

2005
Sixième « déclaration de la forêt Lacandone », en juillet (manifeste de l'EZLN contre le néolibéralisme).

LA GUERRE DES PUCES AURA BIEN LIEU

Textes Nicolas Vescovacci

Dessins Samuel Figuière

LA CRISE SANITAIRE A RÉVÉLÉ L'EXTRÊME DÉPENDANCE DES PAYS OCCIDENTAUX À L'ÉGARD DE QUELQUES INDUSTRIES ASIATIQUES POUR L'APPROVISIONNEMENT EN MICROPROCESSEURS. AUJOURD'HUI, L'HEURE EST À LA RELOCALISATION. MAIS L'EUROPE ET LES ÉTATS-UNIS EN ONT-ILS LES MOYENS ?

PAT GELSINGER, PDG D'INTEL.

JEAN-MARIE MICHEL, EX-DÉLÉGUÉ SYNDICAL.

MORRIS CHANG, FONDATEUR DE TSMC.

2023, PORTE SAINT-VINCENT, ENTRÉE PRINCIPALE DE SAINT-MALO INTRA-MUROS.
BONJOUR.
BONJOUR.
BONJOUR, MESDAMES.
ALLEZ, C'EST PARTI !
reseau-mat.fr
MON NOM EST JEAN-MARIE MICHEL, J'AI 56 ANS.
EN VINGT ANS, C'EST MA TROISIÈME RECONVERSION.
APRÈS TOUT CE QUE J'AI VÉCU, JE VOULAIS UN EMPLOI STABLE, NON DÉLOCALISABLE. CHAUFFEUR, ÇA ME VA TRÈS BIEN !
IL Y A TOUT JUSTE VINGT ANS, EN SEPTEMBRE 2003, JEAN-MARIE ÉTAIT ENCORE EMPLOYÉ DANS L'USINE DE MICROPROCESSEURS DE STMICROELECTRONICS À RENNES.
IL NE LE SAVAIT PAS, MAIS SON DESTIN ÉTAIT SUR LE POINT DE BASCULER.

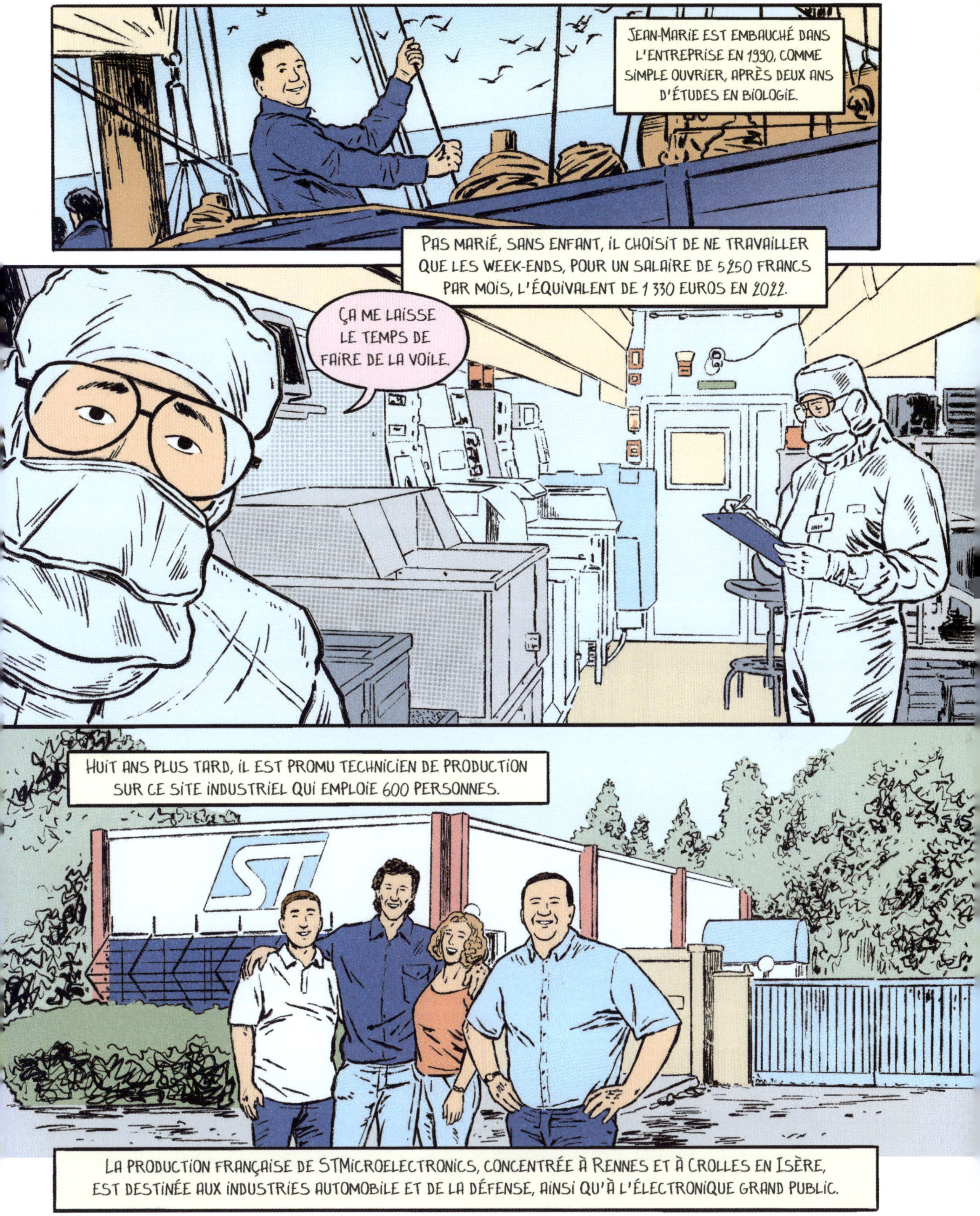
JEAN-MARIE EST EMBAUCHÉ DANS L'ENTREPRISE EN 1990, COMME SIMPLE OUVRIER, APRÈS DEUX ANS D'ÉTUDES EN BIOLOGIE.
PAS MARIÉ, SANS ENFANT, IL CHOISIT DE NE TRAVAILLER QUE LES WEEK-ENDS, POUR UN SALAIRE DE 5 250 FRANCS PAR MOIS, L'ÉQUIVALENT DE 1 330 EUROS EN 2022.
ÇA ME LAISSE LE TEMPS DE FAIRE DE LA VOILE.
HUIT ANS PLUS TARD, IL EST PROMU TECHNICIEN DE PRODUCTION SUR CE SITE INDUSTRIEL QUI EMPLOIE 600 PERSONNES.
LA PRODUCTION FRANÇAISE DE STMICROELECTRONICS, CONCENTRÉE À RENNES ET À CROLLES EN ISÈRE, EST DESTINÉE AUX INDUSTRIES AUTOMOBILE ET DE LA DÉFENSE, AINSI QU'À L'ÉLECTRONIQUE GRAND PUBLIC.

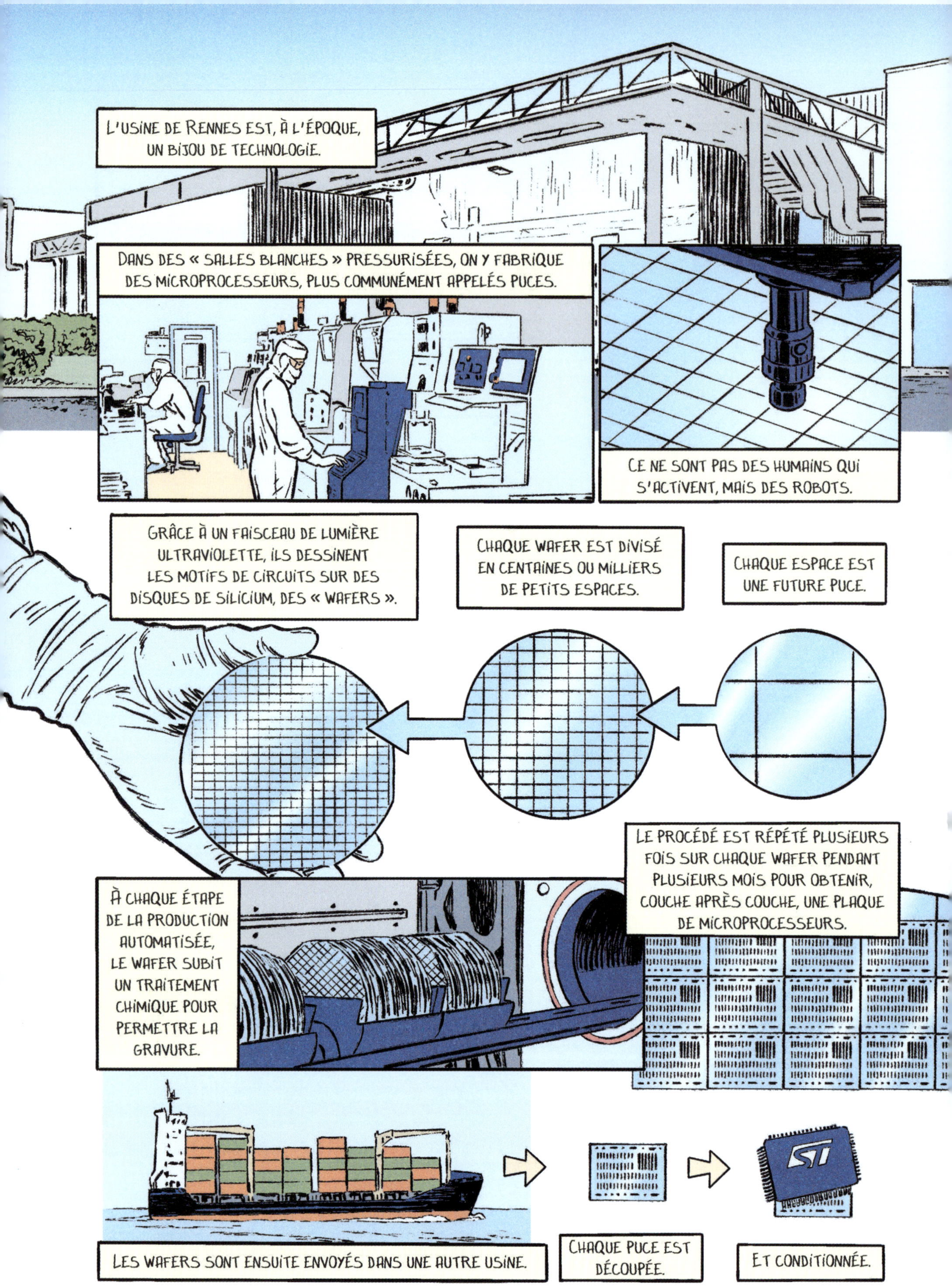
L'USINE DE RENNES EST, À L'ÉPOQUE, UN BIJOU DE TECHNOLOGIE.
DANS DES « SALLES BLANCHES » PRESSURISÉES, ON Y FABRIQUE DES MICROPROCESSEURS, PLUS COMMUNÉMENT APPELÉS PUCES.
CE NE SONT PAS DES HUMAINS QUI S'ACTIVENT, MAIS DES ROBOTS.
GRÂCE À UN FAISCEAU DE LUMIÈRE ULTRAVIOLETTE, ILS DESSINENT LES MOTIFS DE CIRCUITS SUR DES DISQUES DE SILICIUM, DES « WAFERS ».
CHAQUE WAFER EST DIVISÉ EN CENTAINES OU MILLIERS DE PETITS ESPACES.
CHAQUE ESPACE EST UNE FUTURE PUCE.
LE PROCÉDÉ EST RÉPÉTÉ PLUSIEURS FOIS SUR CHAQUE WAFER PENDANT PLUSIEURS MOIS POUR OBTENIR, COUCHE APRÈS COUCHE, UNE PLAQUE DE MICROPROCESSEURS.
À CHAQUE ÉTAPE DE LA PRODUCTION AUTOMATISÉE, LE WAFER SUBIT UN TRAITEMENT CHIMIQUE POUR PERMETTRE LA GRAVURE.
LES WAFERS SONT ENSUITE ENVOYÉS DANS UNE AUTRE USINE.
CHAQUE PUCE EST DÉCOUPÉE.
ET CONDITIONNÉE.

CEPENDANT, LE SECTEUR DES PUCES EST CYCLIQUE, IL EST TRÈS DÉPENDANT DE LA PRODUCTION MONDIALE DE PRODUITS ÉLECTRONIQUES. OR, ENTRE 2001 ET 2003, L'ÉCONOMIE EST EN CRISE.
MERCREDI 20 AOÛT 2003.
ALLÔ ? TU AS REÇU L'E-MAIL DE LA DIRECTION POUR LA CONVOCATION DU COMITÉ CENTRAL D'ENTREPRISE DU 3 SEPTEMBRE ? REGARDE LES SUJETS À L'ORDRE DU JOUR... OUAIS, OUAIS, LA FERMETURE DU SITE DE RENNES !
NON, JE SUIS PAS SURPRIS... ÇA FAIT PLUSIEURS MOIS QUE ÇA SENT PAS BON. MAIS APPRENDRE ÇA PAR MAIL, À 7 H DU MAT'...
OUI, ON VA SE BATTRE ! MAIS IL Y A MOINS DE DEMANDE, DONC MOINS DE PRODUCTION, ET ÇA AUGMENTE LES COÛTS DE FABRICATION... OUI, JE SUIS D'ACCORD, LA DIRECTION A RECONNU QUE L'ENTREPRISE RESTAIT BÉNÉFICIAIRE, ON VA S'ACCROCHER À ÇA.
3 SEPTEMBRE 2003, JOURNAL TÉLÉVISÉ DE TF1.
UN COMMUNIQUÉ DE LA DIRECTION DE STMICROELECTRONICS NOUS APPREND QUE SON USINE DE RENNES FERMERA DÉFINITIVEMENT SES PORTES EN MARS 2004.
2023.
AU REVOIR MESDAMES, BONNE JOURNÉE !
AVEC 4,1 % DE PARTS DU MARCHÉ MONDIAL, STMICROELECTRONICS ÉTAIT EN 2003 DANS LE TOP 5 MONDIAL DES PRODUCTEURS DE PUCES.
MAIS NOS PLAQUES ÉTAIENT TROP PETITES ET TROP COÛTEUSES FACE À UNE CONCURRENCE ASIATIQUE DE PLUS EN PLUS FÉROCE.

EN TÊTE DE CETTE CONCURRENCE S'IMPOSE TSMC, TAIWAN SEMICONDUCTOR MANUFACTURING COMPANY.
J'AI CRÉÉ TSMC EN 1987 AVEC L'AIDE DU GOUVERNEMENT TAÏWANAIS.
LE SUCCÈS DE L'ENTREPRISE EST DÛ À UNE IDÉE INNOVANTE POUR L'ÉPOQUE.
MORRIS CHANG.
tsmc
AVANT, LES GÉANTS MONDIAUX DE L'ÉLECTRONIQUE CONCEVAIENT ET FABRIQUAIENT EUX-MÊMES LEURS MICROPROCESSEURS.
TSMC LEUR A PROPOSÉ DE PRENDRE EN CHARGE LA PARTIE FABRICATION, AINSI EXTERNALISÉE. DANS SES USINES GÉANTES, TSMC PRODUIT EN MASSE POUR UN COÛT MOINDRE.
tsmc

ÇA A SI BIEN MARCHÉ QU'EN 2023, C'EST TSMC QUI FABRIQUE, POUR LE MONDE ENTIER, 90 % DES MICROPROCESSEURS LES PLUS AVANCÉS – C'EST-À-DIRE DONT LA TAILLE EST INFÉRIEURE À 5 NANOMÈTRES.
ON LES RETROUVE DANS TOUS LES OBJETS ÉLECTRONIQUES.

"CHIP WAR" "THE FIGHT FOR THE WORLD'S MOST CRITICAL TECHNOLOGY" "CHRIS MILLER"
TSMC EST DEVENUE L'UNE DES ENTREPRISES LES PLUS STRATÉGIQUES AU MONDE. SANS ELLE, IL N'Y AURAIT PLUS D'ÉCONOMIE NUMÉRIQUE.
CHRIS MILLER, PROFESSEUR ASSISTANT D'ÉCONOMIE INTERNATIONALE À L'UNIVERSITÉ TUFTS (BOSTON, ÉTATS-UNIS) ET AUTEUR DE « CHIP WAR », EN 2022.
2023, CHEZ JEAN-MARIE MICHEL À SAINT-MALO.
J'AI UN MINIMUM D'OBJETS CONNECTÉS, UN TÉLÉPHONE, UNE VOITURE, MAIS PAS DE TÉLÉVISION.
JE NE SUIS PAS DANS LA DÉCROISSANCE, MAIS CE MONDE CONNECTÉ VA TROP VITE POUR MOI.
FLUUU
FLUUU
FLUUUU
AU DÉBUT DES ANNÉES 2000, MORRIS CHANG SURFAIT HABILEMENT SUR LA MONDIALISATION.
MOI, J'AI DÉCIDÉ DE ME BATTRE CONTRE SES CONSÉQUENCES : LA DÉLOCALISATION ANNONCÉE DE MON USINE VERS SINGAPOUR.
QUAND J'Y PENSE, C'ÉTAIT D'UNE VIOLENCE EXTRÊME. D'UN COUP, ON TE DIT : « TOUT ÇA, C'EST FINI ! »
JE NE VIENS PAS D'UNE FAMILLE VRAIMENT POLITISÉE.
MAIS LÀ, CE N'ÉTAIT NI PLUS NI MOINS QUE DES LICENCIEMENTS BOURSIERS. IRONIE DU SORT, J'AI PRIS UN MANDAT SYNDICAL LE JOUR DE L'ANNONCE DE LA FERMETURE DE L'USINE ET MA VIE A ÉTÉ CHAMBOULÉE DU JOUR AU LENDEMAIN.

AUTOMNE 2003.
CHEZ ST, À RENNES, IL N'Y A JAMAIS EU DE CONFLIT SOCIAL.
NOUS SOMMES L'ARISTOCRATIE OUVRIÈRE ET LA DIRECTION NOUS PREND POUR DES MOUTONS !
MAIS ON NE VA PAS SE LAISSER FAIRE ! IL FAUT SAUVER LES 600 EMPLOIS MENACÉS PAR CETTE FERMETURE !
JEAN-MARIE DISTRIBUE DES TRACTS, ORGANISE DES MANIFESTATIONS, INTERPELLE LES POLITIQUES. POUR AUTANT, NI LUI NI SES COLLÈGUES NE CESSENT LE TRAVAIL.
BOULEVARD DE LA LUTTE
FACE À L'USINE, DEUX OUVRIÈRES ENTAMENT UNE GRÈVE DE LA FAIM.
À 36 ANS, JEAN-MARIE S'IMPOSE RAPIDEMENT COMME UNE FIGURE DE LA CONTESTATION SOCIALE.
JE M'OPPOSE FERMEMENT À CETTE DÉSINDUSTRIALISATION, ET À CES PATRONS VOYOUS QUI NE JURENT QUE PAR LES DIVIDENDES !
21 SEPTEMBRE 2003, EN DIRECT SUR LE PLATEAU DE « ZONE INTERDITE », ÉMISSION DE M6.
MONSIEUR LE PREMIER MINISTRE, C'EST UN CAS EXEMPLAIRE QUE CELUI DE STMICRO À RENNES, CAR ON NOUS EXPLIQUE DEPUIS DES ANNÉES, QUE, POUR FAIRE FACE AU DÉFI DE LA MONDIALISATION, LA FRANCE DOIT FAIRE LE PARI DES HAUTES TECHNOLOGIES. C'EST CE QUI A ÉTÉ FAIT À RENNES, ET PUIS, PEINE PERDUE… LA FRANCE VA-T-ELLE DEVENIR, À TERME, COMME LE CRAIGNENT CERTAINS DE NOS CONCITOYENS, UN PAYS SANS USINES ?
JEAN-PIERRE RAFFARIN
BERNARD DE LA VILLARDIÈRE

JE PENSE QUE CETTE AFFAIRE EST TRÈS DIFFICILE [...] ALORS JE COMPRENDS CETTE RÉVOLTE, JE COMPRENDS AUSSI LA SITUATION ÉCONOMIQUE GÉNÉRALE OÙ ON VA CRÉER 1 500 EMPLOIS À CROLLES EN ISÈRE CHEZ ST.
MAIS, EXCUSEZ-MOI, M. RAFFARIN, EST-CE QUE L'ÉTAT FRANÇAIS PEUT LAISSER FAIRE DES LICENCIEMENTS ?
JE VAIS... JE VAIS... EXPLIQUONS BIEN CE QUI SE PASSE... IL FAUT RAPPELER...
EXCUSEZ-MOI, MAIS ÇA FAIT TREIZE ANS QUE JE TRAVAILLE DANS L'ENTREPRISE ET JE PENSE SINCÈREMENT CONNAÎTRE BIEN LE TRAVAIL ET L'ENTREPRISE...
OUI, NON, JE... JE N'AI PAS... JE NE VEUX PAS... AUJOURD'HUI, QUAND ON DIT QUE DES PUCES SONT PRODUITES 60 % MOINS CHER À SINGAPOUR, ON VOIT BIEN QU'IL Y A LÀ UN PROBLÈME [...] MAIS ÇA NE PEUT PAS ÊTRE EN PERMANENCE LES SALARIÉS QUI...
ET DONC ?
LE PREMIER MINISTRE EXPLIQUE LONGUEMENT QU'IL SOUHAITE QUE LES FUTURS SALARIÉS LICENCIÉS À RENNES SOIENT ACCOMPAGNÉS ET RECLASSÉS DANS LEUR RÉGION.
L'ÉTAT, ACTIONNAIRE À HAUTEUR DE 16 % DE STMICROELECTRONICS, DÉTIENT UNE MINORITÉ DE BLOCAGE. IL AURAIT PU S'OPPOSER À LA FERMETURE DU SITE. IL NE L'A JAMAIS FAIT.
LE 26 AVRIL 2004, LES PREMIÈRES LETTRES DE LICENCIEMENT ARRIVENT.

10 JUIN 2004 AU PETIT MATIN.
ST, SALARIÉS TRAHIS ! ST, SALARIÉS TRAHIS !
SOUS LA PROTECTION DES GENDARMES MOBILES, DES CAMIONS EXFILTRENT LES MACHINES QUI PARTENT POUR SINGAPOUR.
APRÈS QUE LE TRIBUNAL DE NANTERRE A RETOQUÉ NOTRE DEMANDE D'ANNULATION DU PLAN SOCIAL, ON A EU UN RENDEZ-VOUS AVEC NICOLAS SARKOZY, ALORS MINISTRE DE L'ÉCONOMIE.
IL AVAIT LE POUVOIR DE FAIRE QUELQUE CHOSE. MAIS APRÈS CETTE COURTE ENTREVUE, NOUS N'AURONS PLUS JAMAIS DE NOUVELLES NI DE LUI, NI DE L'ÉTAT.

FIN 2019 SE DÉCLARE LA PANDÉMIE MONDIALE DE COVID-19.
ATTESTATION DE DÉPLACEMENT DÉROGATOIRE
Je soussigné(e),
Mme/M. :
Né(e) le :
À :
Demeurant :
ROUX JULIEN
08/01/1979
VAISON-LA-ROMAINE
PARIS
L'INDUSTRIE DES MICROPROCESSEURS VA EN ÊTRE BOULEVERSÉE.
LES USINES TOURNENT AU RALENTI…
… ALORS QU'AVEC LE TÉLÉTRAVAIL, LA DEMANDE DE PUCES EXPLOSE.
À CELA, IL FAUT AJOUTER LE MARCHÉ DE L'AUTOMOBILE QUI, CONTRE TOUTE ATTENTE, PROGRESSE.
EN PLEINE CRISE DU COVID, LES LEADERS OCCIDENTAUX RÉALISENT QUE LA PRODUCTION DE RICHESSES EST LARGEMENT DÉPENDANTE DES MICROPROCESSEURS, FABRIQUÉS À 80 % EN ASIE, TAÏWAN ÉTANT LE PLUS GROS PRODUCTEUR, TOUS TYPES DE PUCES CONFONDUS, AVEC 30 % DU MARCHÉ.

2021, PRÈS DU HAVRE, L'USINE RENAULT DE SANDOUVILLE S'ARRÊTE, FAUTE DE PUCES DISPONIBLES.
ELLE FERMERA SOIXANTE JOURS CETTE ANNÉE-LÀ.
NOUVEAU RENAULT TRAFIC
MARS 2022.
UNE USINE QUI NE TOURNE PAS, C'EST UNE USINE MORTE.
NOUVEAU RENAULT TRAFIC
FABRIQUÉ À SANDOUVILLE
CE MATIN, LES CHAÎNES SE SONT ARRÊTÉES POUR DIX JOURS SUPPLÉMENTAIRES.
CFDT
CFE-CGC
VOUS VOUS RENDEZ COMPTE ? ET SI DEMAIN, IL Y A UNE CRISE MAJEURE AVEC TAÏWAN ?
FABIEN GLOAGUEN, DÉLÉGUÉ SYNDICAL FO.
S'ILS NE NOUS LIVRENT PLUS, ON FAIT QUOI ?
FO
IL FAUT ABSOLUMENT RELOCALISER CETTE INDUSTRIE STRATÉGIQUE, AUTREMENT, ON RISQUE LA MORT DU SECTEUR AUTOMOBILE.
LOCAUX SYNDICAUX
MAIS LA FRANCE N'A LES MOYENS NI TECHNIQUES NI FINANCIERS D'ASSUMER SEULE LA CONSTRUCTION D'UNE USINE DE FABRICATION DE MICROPROCESSEURS, DONT LE COÛT S'ÉLÈVE À 9,3 MILLIARDS D'EUROS !

JUILLET 2022, EMMANUEL MACRON VISITE LE SITE STMICROELECTRONICS DE CROLLES, DIX-HUIT ANS APRÈS LA FERMETURE DE L'USINE DE RENNES.
MONSIEUR LE PRÉSIDENT, STMICROELECTRONICS EST FIÈRE D'ANNONCER DE NOUVEAUX INVESTISSEMENTS DE NOTRE PARTENAIRE, L'AMÉRICAIN GLOBALFOUNDRIES, DANS NOTRE USINE.
JEAN-MARC CHÉRY, PATRON DE STMICROELECTRONICS
CES 5,7 MILLIARDS D'EUROS ONT POUR OBJECTIF D'AUGMENTER LA CAPACITÉ FRANÇAISE DE PRODUCTION DE MICROPROCESSEURS.
MALGRÉ 2,9 MILLIARDS D'EUROS SUPPLÉMENTAIRES INVESTIS PAR L'ÉTAT FRANÇAIS EN JUIN 2023 POUR CE SEUL PROJET, LA FRANCE ET L'EUROPE RESTENT LOIN DE POUVOIR PRODUIRE ASSEZ DE PUCES POUR SATISFAIRE LES BESOINS DE LEURS INDUSTRIES. L'AMÉRICAIN PAT GELSINGER, PDG D'INTEL, VOIT DANS CETTE CRISE UNE OPPORTUNITÉ. LUI, QUI DEPUIS QUELQUES ANNÉES A DU MAL À MAINTENIR LE RANG DE SON GROUPE FACE À LA CONCURRENCE TAÏWANAISE, VA TIRER PARTI DE LA SITUATION.
UN MONDE SANS MICROPROCESSEURS SERAIT IMPOSSIBLE, CE SERAIT UN RETOUR À L'ÂGE DE PIERRE, CE SERAIT TELLEMENT ENNUYEUX !
Pat Gelsinger @PGelsinger "To do what is right and just is more acceptable to the LORD than sacrifice." - Proverbs 21:3 15/01/2023
PAT GELSINGER DIRIGE INTEL, L'UN DES LEADERS MONDIAUX DU SECTEUR, DEPUIS JANVIER 2021. UN PATRON CHARISMATIQUE QUI BALANCE ENTRE SA FOI CHRÉTIENNE, LE TRAVAIL ET L'AMOUR DE SA FAMILLE, ET AFFICHE LE TOUT SUR LES RÉSEAUX SOCIAUX.
Pat Gelsinger @PGelsinger "With God all things are possible." - Matthew 19-26 22/01/2023 16:00

IL COMPREND VITE QUE SON HEURE EST VENUE.
IL FAIT DU LOBBYING À WASHINGTON, PARIS OU BRUXELLES, OÙ LES RESPONSABLES POLITIQUES SONT PRIS DE PANIQUE À L'IDÉE D'UNE PÉNURIE DE PUCES.
IL VEUT LES INCITER À SUBVENTIONNNER LA CONSTRUCTION DE NOUVELLES USINES PARTOUT SUR LA PLANÈTE, SURTOUT LES SIENNES, BIEN ENTENDU.
intel
28 JUIN 2021, SOMMET « CHOOSE FRANCE » AU CHÂTEAU DE VERSAILLES.
MONSIEUR GELSINGER, J'AIMERAIS QUE VOUS CONSTRUISIEZ VOTRE NOUVELLE USINE EUROPÉENNE EN FRANCE.
NOUS ÉTUDIONS PLUSIEURS SITES EN EUROPE POUR RÉÉQUILIBRER LES CHAÎNES DE PRODUCTION, MONSIEUR LE PRÉSIDENT. MAIS POUR CONSTRUIRE CETTE NOUVELLE USINE, NOUS AVONS BESOIN D'AIDE AFIN D'ÊTRE COMPÉTITIF.
COMBIEN ?
JE VEUX INVESTIR 17 MILLIARDS D'EUROS SUR CE SITE. DONC J'ESTIME QU'IL NOUS FAUDRAIT PAS LOIN DE 8 MILLIARDS DE SUBVENTIONS POUR RESTER DANS LA COURSE.
HUMMMMM...
IL Y A COMPÉTITION ENTRE LA FRANCE ET L'ALLEMAGNE. DANS CE CONTEXTE, PAT GELSINGER EST EN BONNE POSITION POUR FAIRE MONTER LES ENCHÈRES.

FÉVRIER 2022.
INTEL ANNONCE QUE SA NOUVELLE USINE SERA CONSTRUITE À MAGDEBOURG.
20H
LES ALLEMANDS ONT ÉTÉ PLUS GÉNÉREUX…
GRÂCE À L'EUROPE ET À L'ARGENT PUBLIC PROMIS EN FÉVRIER 2022 DANS LE « EUROPEAN CHIPS ACT », INTEL VA RÉCUPÉRER 6,8 MILLIARDS D'EUROS DE SUBVENTIONS.
AUX ÉTATS-UNIS, LE CONGRÈS VOTE À L'ÉTÉ 2022 LE « CHIPS AND SCIENCE ACT ».
CETTE LOI EST SIGNÉE PAR JOE BIDEN.
ELLE PRÉVOIT PRÈS DE 53 MILLIARDS DE DOLLARS DE SUBVENTIONS POUR LES ENTREPRISES QUI VEULENT INVESTIR DANS LE SECTEUR DES MICROPROCESSEURS.
PAT GELSINGER A ŒUVRÉ EN COULISSES POUR IMPOSER CE TEXTE QUI FAIT DE LUI LE MEILLEUR VRP DE SON SECTEUR.

ENTRE 2022 ET 2023, LE SECTEUR MONDIAL DES PUCES, CAPITAL POUR L'INDUSTRIE, VOIT DES DIZAINES DE MILLIARDS DE DOLLARS PLEUVOIR. LA PROBLÉMATIQUE EST HAUTEMENT MÉDIATISÉE.
SEPTEMBRE 2022, PAT GELSINGER FAIT UNE ANNONCE.
NOUS ALLONS CONSTRUIRE UN NOUVEAU COMPLEXE INDUSTRIEL DANS L'OHIO !
A FUTURE MADE IN AMERICA
UN PROJET À 20 MILLIARDS DE DOLLARS !
À CE JOUR, NOUS NE PRODUISONS AUCUN DES MICROPROCESSEURS AVANCÉS. LA CHINE VEUT EN PROFITER.
IL FAUT RECONQUÉRIR NOTRE SOUVERAINETÉ. JE VOUS LE PROMETS, NOUS ALLONS REDEVENIR LES LEADERS DU MONDE !
PRESIDENT OF THE UNITED STAT
LE PRÉSIDENT AMÉRICAIN L'A RÉPÉTÉ PLUSIEURS FOIS : SI LA CHINE DEVAIT ATTAQUER TAIWAN, ALORS L'ARMÉE AMÉRICAINE VIENDRAIT AU SECOURS DE L'ÎLE NATIONALISTE.
SUR LA SCÈNE INTERNATIONALE, CE GENRE DE SOUTIEN POLITIQUE SE MONNAIE COMPTANT…

6 DÉCEMBRE 2022.
MONSIEUR BIDEN, J'AI LE PLAISIR DE VOUS ANNONCER QUE TSMC VA INVESTIR 28 MILLIARDS DE DOLLARS EN ARIZONA DANS UNE DEUXIÈME USINE.
MERCI À MORRIS CHANG QUI A FAIT DE TSMC UN GÉANT MONDIAL ET A ÉTÉ UN PIONNIER DE CETTE INDUSTRIE.
LE GÉANT TAÏWANAIS EST DÉJÀ EN TRAIN DE CONSTRUIRE UNE USINE À 12 MILLIARDS DE DOLLARS EN PLEIN DÉSERT DE L'ARIZONA.
POUR LES TAÏWANAIS, PEU IMPORTE LE PRIX À PAYER, LE SOUTIEN POLITIQUE DE L'ADMINISTRATION AMÉRICAINE EST VITAL POUR CONTRER LA MENACE CHINOISE.

ENTRE AMÉRICAINS, EUROPÉENS ET CHINOIS, ON PEUT DIRE QUE LA GUERRE DES PUCES EST DÉCLARÉE.
CETTE GUERRE EST ÉVIDEMMENT UNE COURSE CONTRE LA MONTRE POUR BÂTIR DES USINES AFIN DE RELOCALISER LA PRODUCTION.
CHRIS MILLER, PROFESSEUR À L'UNIVERSITÉ TUFTS
C'EST ENSUITE UNE GUERRE DE SOUVERAINETÉ DANS UN MONDE FRAGILISÉ PAR LES CONFLITS COMME EN UKRAINE ET LES CRISES GÉOPOLITIQUES COMME À TAÏWAN.
EN 1990, L'EUROPE PRODUISAIT 44 % DES MICROPROCESSEURS DE LA PLANÈTE.
CONTRE À PEINE 10 % EN 2023.
… LA FIN DE LA MONDIALISATION HEUREUSE… LA NÉCESSITÉ DE PRENDRE SON DESTIN EN MAIN…
BRUNO LE MAIRE.
JE NE SUIS PAS LOIN DE PENSER QUE NOUS SOMMES ALLÉS TROP LOIN DANS LA MONDIALISATION. MAIS ÇA, C'EST LE PASSÉ. MAINTENANT, CE QUI M'INTÉRESSE, C'EST DE CONSTRUIRE L'AVENIR ET DE PRODUIRE 20 % DES MICROPROCESSEURS MONDIAUX EN EUROPE EN 2030.
THIERRY BRETON, COMMISSAIRE EUROPÉEN AU MARCHÉ INTÉRIEUR, JUIN 2022.
APRÈS AVOIR ABANDONNÉ LA FABRICATION DES MICROPROCESSEURS AUX PAYS ASIATIQUES, CETTE RÉINDUSTRALISATION EST-ELLE POSSIBLE ? SERIONS-NOUS EN TRAIN D'ASSISTER À LA REMISE EN QUESTION DE LA MONDIALISATION ?

2023, BANLIEUE DE RENNES, VINGT ANS APRÈS LE PLAN SOCIAL.
LE SITE DE CINQ HECTARES EST TOUJOURS LÀ…
STMICROELECTRONICS A CONSERVÉ UNE PETITE UNITÉ DE PRODUCTION DE MICROPROCESSEURS CERTIFIÉS POUR L'INDUSTRIE SPATIALE ET MILITAIRE.
RIEN D'AUTRE.
ILS N'ONT JAMAIS FERMÉ. MAIS C'EST QUASIMENT VIDE.
VOILÀ LE BILAN DE RECLASSEMENT ST RENNES, AU 1ER MARS 2007, TROIS ANS APRÈS LE PLAN SOCIAL.
HORS RETRAITÉS ET SITUATIONS PARTICULIÈRES,
SEULS 40 % DES SALARIÉS ONT ÉTÉ RECLASSÉS,
29 % SONT EN SITUATION PRÉCAIRE,
ET 29 % SONT SANS ACTIVITÉ.
QUAND ON PARLE DE RECLASSEMENT PROFESSIONNEL, ON OUBLIE SOUVENT SES CONSÉQUENCES : LE DÉCLASSEMENT SOCIAL, LA PERTE DE SALAIRE ET PARFOIS LES DIVORCES. APRÈS 2007, ON A PERDU LA TRACE DES SALARIÉS.
AU FINAL, TOUT ÇA N'EST PAS TRÈS GLORIEUX POUR UNE ENTREPRISE QUI, EN 2023, SE VANTE DE SES INVESTISSEMENTS MIROBOLANTS DANS LE SECTEUR.

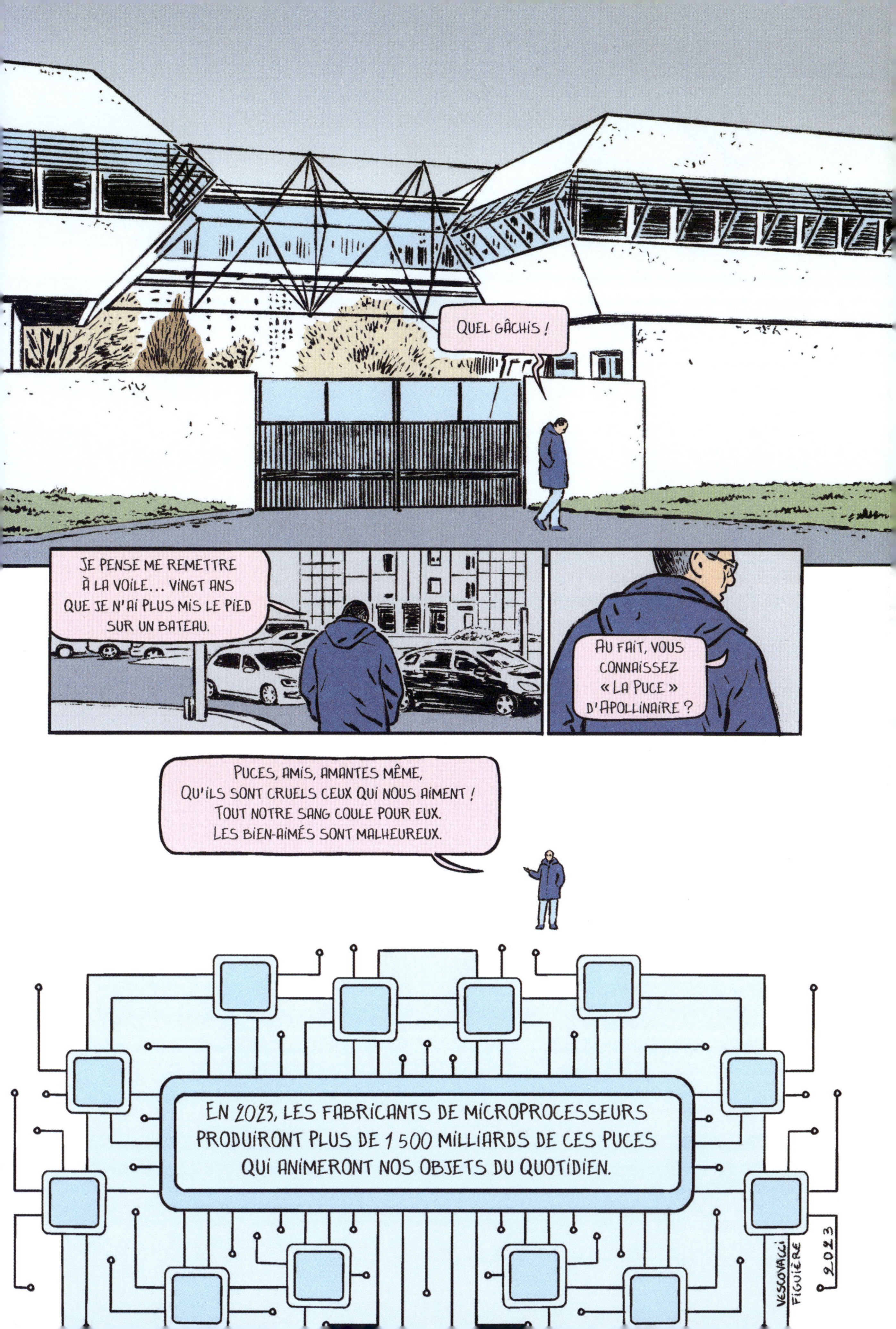
QUEL GÂCHIS !
JE PENSE ME REMETTRE À LA VOILE… VINGT ANS QUE JE N'AI PLUS MIS LE PIED SUR UN BATEAU.
AU FAIT, VOUS CONNAISSEZ « LA PUCE » D'APOLLINAIRE ?
PUCES, AMIS, AMANTES MÊME,
QU'ILS SONT CRUELS CEUX QUI NOUS AIMENT !
TOUT NOTRE SANG COULE POUR EUX.
LES BIEN-AIMÉS SONT MALHEUREUX.
EN 2023, LES FABRICANTS DE MICROPROCESSEURS PRODUIRONT PLUS DE 1 500 MILLIARDS DE CES PUCES QUI ANIMERONT NOS OBJETS DU QUOTIDIEN.
VESCOVACCI
FIGUIÈRE
2023

C'est non !

En plein confinement en 2020, vous avez sûrement eu du mal à vous procurer le dernier téléphone à la mode, vous faire livrer à temps votre console de jeu ou acheter votre voiture électrique. Et pour cause, pour la première fois, la planète industrielle a été frappée par une pénurie de microprocesseurs – ou puces. Sur l'île de Taïwan, face à la Chine, TSMC, le premier producteur mondial, tourne alors au ralenti à cause de la crise sanitaire. En Europe et aux États-Unis, c'est la panique. Arte accepte mon projet de documentaire, dans lequel je veux expliquer les enjeux industriels et politiques qui se cachent derrière ces petits bouts de silicium.

Début 2022, je me rends à Taïwan pour rencontrer les responsables de TSMC. En arrivant sur place, j'ai bon espoir. Les courriels échangés avec le groupe laissent entrevoir la possibilité d'un entretien avec sa direction.

Mais, après deux semaines d'un confinement total à mon arrivée et de négociations intenses, TSMC refuse de communiquer. Interroger Mark Liu, le PDG, c'est non ! Visiter une usine, c'est encore non. Le service communication dit ne pas vouloir risquer de froisser ses partenaires, au premier rang desquels, la Chine. Avec les Américains Apple ou Nvidia, les industriels chinois sont parmi leurs meilleurs clients.

Sur l'île, les concurrents refusent tout autant mes demandes de tournage. Seul Frank Huang, le PDG de PSMC, accepte finalement une interview. L'homme adore la France et, quelques mois après notre entretien à Taipei, il rencontrera le président français, Emmanuel Macron au château de Versailles, dans le cadre du sommet Choose France. Apparaître à la télé française ne pouvait pas lui nuire. **N. V.**

Devant l'usine en chantier de TSMC en Arizona, où seront fabriquées des puces de cinq et trois nanomètres, les plus modernes, celles qui font fonctionner nos téléphones portables.

NICOLAS VESCOVACCI

Un univers glacial

Une usine de microprocesseurs est une forteresse high-tech qui tourne 24 h/24 et 365 jours par an. Pour pénétrer dans ces lieux, mieux vaut s'armer de patience – il m'a fallu six mois de négociations pour obtenir l'autorisation d'entrer dans l'usine STMicroelectronics de Crolles, en Isère –, d'une combinaison intégrale, de chaussures spéciales et de lunettes protectrices. Au cœur de l'usine, une « salle blanche » est dédiée à la production. Déception du visiteur : les centaines d'opérations – optiques ou chimiques – nécessaires à la fabrication des microprocesseurs sont quasiment invisibles. Tout se passe à l'intérieur des machines, sans contact avec la main de l'homme qui supervise. Dans cet univers glacial où tout le monde se ressemble, les ingénieurs ne craignent qu'une chose : la poussière qui pourrait entraver la production des « wafers », ces plaques de silicium sur lesquelles sont gravés les microprocesseurs. Les appareils alignés au cordeau, baignent donc dans un air filtré et recyclé. Ici, l'atmosphère serait *« mille fois moins chargée en particules que dans un bloc opératoire »*, selon Éric Gérondeau, le directeur de l'usine de Crolles. Le plus étonnant se déroule au plafond. Des robots de transport circulent sur des dizaines de kilomètres de rails. Ils zigzaguent autour des machines, s'arrêtent automatiquement à leur aplomb. Et dans un ballet plutôt bruyant, saisissent les plaques de silicium, protégées par des coques de plastique, afin de les amener à la prochaine machine, où elles subissent une nouvelle opération. Chaque robot au plafond vaut *« plus cher qu'une Mercedes »*, glisse un ingénieur en passant. N. V.

Arizona : la nouvelle Silicon Valley ?

C'est une immense plaine désertique, au nord de Phoenix (Arizona, États-Unis), bordée de montagnes rocheuses où seuls les cactus et les usines peuvent pousser. Un long ruban de bitume flambant neuf la traverse, et mène, au bout de la route, à une cathédrale d'acier en construction sur quatre étages, qui découpe à peine l'horizon tellement celui-ci est vaste. Pour accueil, une simple affiche collée sur un panneau de bois : *« Au-delà de cette limite, parking réservé aux employés de TSMC. »* Depuis les années 2000, la firme taïwanaise est la première productrice mondiale de microprocesseurs. Dans ce coin de désert, le groupe a déjà annoncé 40 milliards de dollars d'investissements, pour bâtir deux usines qui fabriqueront des puces de cinq et trois nanomètres, les plus modernes. Ce sont celles qui font fonctionner nos téléphones portables et que les groupes américains ne fabriquent pas. Même Intel sous-traite l'opération, à TSMC justement.

Le sénateur républicain d'Arizona David Livingston compte sur le ruissellement économique de l'activité. Il estime à plus de 60 milliards de dollars les retombées financières pour son État grâce à ces deux usines : de futures maisons, des routes, des centres commerciaux. Une seule chose irrite l'élu : l'analogie avec la Silicon Valley. *« L'Arizona, c'est l'Arizona,* grogne-t-il un peu fâché, les pieds serrés dans ses santiags et un Stetson vissé sur la tête. *Nous n'avons rien à voir avec cette bande de progressistes de la côte ouest... »*

Et pourtant, Intel Corp., installée depuis son origine dans la baie de San Francisco, possède déjà un complexe industriel au sud de Phoenix lui aussi. Le champion américain des microprocesseurs y construit deux nouvelles usines de puces. Apple, Google et Meta – la maison mère de Facebook – ont acquis ou construisent également des *data centers* non loin de là. Cette pluie d'investissements s'explique par le taux d'imposition sur les sociétés en Arizona, 4,9 %, l'un des plus faibles du pays. Selon une étude du Conseil économique de la ville de Phoenix, les coûts de fonctionnement d'une entreprise dans cet État seraient 36 % moins élevés qu'en Californie, où l'impôt sur les sociétés s'élève à 8,84 %. La ruée des entreprises de technologie vers Phoenix – cinquième ville la plus peuplée des États-Unis – est loin d'être terminée. **N. V.**

À lire, à voir

La guerre des puces
documentaire de Nicolas Vescovacci, 2023
sur arte.tv
Nous ne les voyons pas, nous ignorons leur présence, et pourtant, les microprocesseurs animent tous les objets de notre quotidien. C'est le point de départ de ce documentaire géopolitique, réalisé aux quatre coins de la « planète microprocesseurs ».

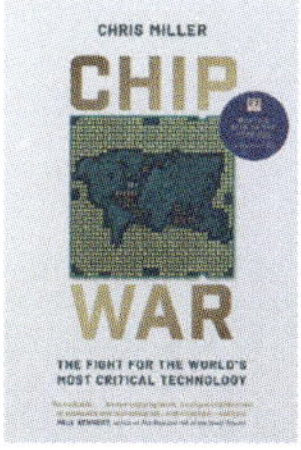

Chip War: The Fight for the World's Most Critical Technology
de Chris Miller
(non traduit)
éd. Scribner, 2022
Cet ouvrage est essentiel pour comprendre comment les puces sont devenues une industrie aussi stratégique que le pétrole. Désormais, elles sont au centre d'une guerre industrielle que se mènent les grandes puissances.

Musée d'Intel
à Santa Clara (Californie, États-Unis)
Intel inventa le premier microprocesseur en 1971. Ce musée situé au siège du groupe retrace cinquante ans d'aventure technologique au service de l'infiniment petit.

TSMC, musée de l'innovation
à Hsinchu (Taïwan)
L'établissement a été conçu à la gloire de Morris Chang et de l'entreprise la plus stratégique au monde. Visites uniquement sur réservation.

INTEL CORPORATION - TAIWAN SEMICONDUCTOR MANUFACTURING CO., LTD

Nous avons toujours plus de deux oreilles

JAMAIS LE MONDE N'A ÉTÉ AUSSI ASSOURDISSANT, NI NOTRE OUÏE AUTANT SOLLICITÉE. LE PHILOSOPHE ET MUSICOLOGUE **PETER SZENDY** INVITE À RECONQUÉRIR CE SENS OUBLIÉ, ET PRENDRE CONSCIENCE DE NOTRE POUVOIR D'AUDITEUR.

Propos recueillis par Emmanuel Poncet
Illustration Olivier Dangla

« Vous m'entendez ?
— Non, c'est étrange, je n'ai aucun retour… Êtes-vous sûr d'avoir branché le micro ?…
— Euh, attendez, j'essaie une autre manip'. C'est mieux ?… »

Oui, c'est beaucoup mieux. Le son revient miraculeusement. Nous parvenons enfin à établir le contact avec Peter Szendy, aussi amical qu'imperturbable, après un court moment de solitude du journaliste en arrivant sur Zoom. Pouvait-on imaginer pire – ou meilleure ! – entrée en matière pour un entretien consacré aux mystères de l'écoute ? Il est 16 heures à Paris, 11 heures du matin à Providence (Rhode Island, États-Unis), où le philosophe et musicologue enseigne la littérature comparée, à l'université Brown. Acte manqué ou simple bug, qu'importe, ce petit incident technique nous plonge d'emblée au cœur de la question philosophique qui obsède Peter Szendy depuis plus de vingt ans : *« Qu'est-ce qu'écouter ? »*

À travers une œuvre singulière, tout en subtiles variations sur le même thème, ce passionné de musique, de littérature et de cinéma, âgé de 57 ans, explore inlassablement les ramifications, aussi riches que fascinantes, de l'un de nos cinq sens : l'ouïe. Il y sautille allègrement de Béla Bartók à Daft Punk en passant par Dalida, dans *Tubes, La philosophie dans le juke-box* (éd. de Minuit, 2008), de Marx à Freud en passant par *Terminator 3* ou *Blade Runner* dans *L'Apocalypse-cinéma* (éd. Capricci, 2012). Sa conception de l'écoute ne se réduit pourtant pas à nos seules fonctions auditives. Autrement dit, à nos deux oreilles. Dans son dernier ouvrage (*La voix, par ailleurs*, avec Laura Odello, éd. de Minuit, 2023), il met à nu l'énigme de la voix elle-même, à travers ses hésitations, ses déraillements et petits accidents. Comme celui, vite résolu, de ce début d'interview. *« Cette fois, on peut y aller, cher Peter Szendy, je vous entends très bien. »*

Diriez-vous que le monde sonore n'a jamais été aussi assourdissant qu'aujourd'hui ?

On entend beaucoup dire, en effet, que le monde actuel serait plus bruyant que celui des siècles passés. C'est une perception spontanée, communément partagée. Mais elle pose beaucoup de questions. À quoi, à quelle époque comparons-nous le monde sonore d'aujourd'hui ? Avant l'invention de l'enregistrement et des appareils de mesure du volume sonore, nous n'avons que des témoignages impossibles à quantifier. Schopenhauer, qui se plaignait des aboiements des chiens, des cris d'enfants ou des coups de marteau, disait : *« Nous ne serons complètement civilisés que le jour où les oreilles seront libres, elles aussi. »* Kafka, dans une magnifique petite esquisse en prose intitulée *Grand bruit*, se décrit lui-même, dans sa chambre, au milieu de l'appartement familial : les gens passent, ses sœurs, son père, tout le monde claque les portes. Il n'en peut plus. On sait également par sa correspondance qu'il utilisait en permanence des bouchons pour les oreilles, ce qui ne l'empêchait pas de souffrir du bruit d'un voisin coupant du bois. Et on pourrait multiplier les témoignages de plaintes venus du passé, qui vont de ces problèmes de voisinage jusqu'au bruit assourdissant qui, comme le soulignait Marx, régnait dans les usines du XIXe siècle. Même si j'ai, il est vrai,

À l'université de Ferrare, la violoniste Martina Monti donne un récital dans la chambre anéchoïque, où l'on peut expérimenter le silence absolu.

tendance à penser que les sollicitations acoustiques n'ont jamais été aussi nombreuses qu'aujourd'hui, je m'interroge sans cesse sur ce qui nous permet de les comparer aux niveaux sonores d'hier.

Qu'est-ce qui vous fait dire que les sollicitations acoustiques n'ont jamais été aussi nombreuses?

Parmi les sollicitations actuelles qui me frappent le plus, la première chose qui me vient à l'esprit, parce que j'en fais l'expérience presque quotidiennement, surtout aux États-Unis où j'enseigne, c'est le niveau sonore dans les espaces semi-publics: les restaurants ou les bars, par exemple. Souvent, les gens hurlent. Pour une raison évidente: la bande-son diffusée dans ces espaces ne cesse d'augmenter au fil de la soirée. Du coup, les gens parlent de plus en plus fort, et ainsi de suite, dans une boucle de surenchère. On en sort lessivé, fatigué, avec la voix cassée…

En écho

Sans tambour ni trompette

Ces photos, toutes prises en Italie, sont extraites de la série *Silence*, signée d'Alessandro Gandolfi. Dans ce travail, le cofondateur de l'agence Parallelozero explore les sentiments contradictoires associés à l'absence de bruit, tantôt perçue comme magique, tantôt comme inquiétante et macabre. Alessandro Gandolfi a travaillé ce thème en gardant en tête les mots du trompettiste Miles Davis: *« La vraie musique, c'est le silence; ce que font les notes, c'est lui donner un cadre. »* Le photographe paraphrase ainsi le musicien: *« Le silence est partout, et les sons du monde lui donnent un cadre. »*

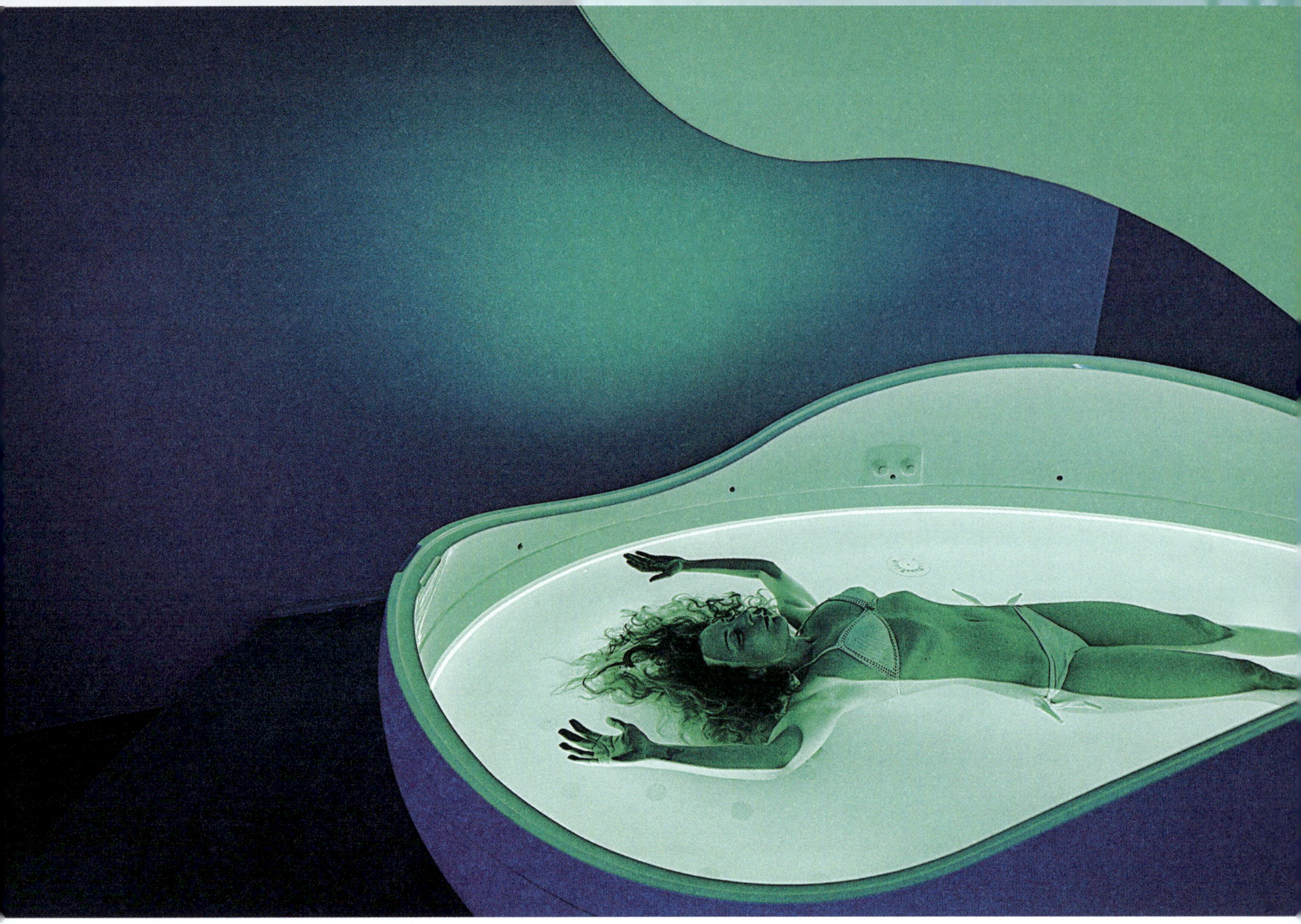

À Florence, le centre de bien-être Floating Flo propose la flottaison, un soin de relaxation dans un espace conçu pour assurer *« une isolation sensorielle où le silence joue un rôle essentiel »*.

Je suis aussi frappé par la rapidité de certains débits vocaux, une sorte de surrégime vocal qui s'entend sur Internet, à la radio, sur les réseaux sociaux : comme si chacun courait éperdument derrière sa propre voix. Certes, là encore, il est difficile de comparer le débit vocal d'aujourd'hui avec celui du passé. Mais si vous écoutez des émissions de radio d'il y a cinquante ans, la lenteur, la longueur, les silences, le côté ininterrompu du discours de l'époque est incroyable !

Y a-t-il de nouvelles voix que vous voyez surgir dans notre monde ?

Bien sûr, le développement des voix automatiques, par exemple, des voix de synthèse, est un phénomène d'une actualité brûlante. Elles sont partout, ces voix nouvelles : depuis les GPS guidant nos trajets jusqu'aux serveurs vocaux qui nous invitent à appuyer sur la touche étoile pour accéder à une information ou un service, sans aucune interaction humaine. Je note aussi l'émergence à la fois fascinante et inquiétante de ce qu'on appelle le « *deepfake* » vocal. Ce sont des imitations numériques, réalisées au moyen d'algorithmes pensés sur le modèle des réseaux de neurones, qui permettent de recréer des timbres, des inflexions, des émotions absolument convaincants. Elles peuvent avoir des usages légaux tolérés ou légitimés – vendre des produits, converser avec des clients, par exemple – ou illégaux – escroquer des gens en se faisant passer pour une personnalité, une institution, etc. C'est vertigineux, car la tonalité de la voix est ce qui caractérise en principe l'individu, ce qui en fait sa singularité.

Vous parlez de nouvelles sollicitations sonores vocales, mais l'automobile ne reste-t-elle pas un facteur énorme de pollution auditive?

Absolument. Et c'est justement pour cela que je propose de penser notre monde sonore comme un système complexe de strates et d'emboîtements, de nature et d'intensité très différentes. Qui coexistent, se superposent, se combinent les uns les autres, s'entrechoquent parfois violemment ou se recouvrent, se réduisent au silence.

Au sein du paysage sonore urbain qui émerge au début du XXe siècle, le moteur à explosion est devenu une présence absolument tonitruante. Mais on entend aussi aujourd'hui émerger d'autres types de sonorités, comme des strates cachées, masquées. Ce qui me frappe actuellement, d'ailleurs, ce sont ces sons qui cherchent à se faire oublier. Je dirais même que, paradoxalement, ils se font remarquer justement parce qu'ils se font oublier. Parlons de cette révolution presque silencieuse de la mobilité, justement : les vélos électriques, les trottinettes ou ce qu'on appelle les gyroroues, vous savez, ces engins constitués d'une seule roue et de cale-pieds de part et d'autre, avec lesquels on peut se déplacer. Ils émettent une sorte de sifflement, presque un chuchotement, dans le vrombissement de la circulation générale. C'est très étonnant, surtout quand on songe à quel point l'automobile est devenue omniprésente depuis un siècle. En 1909, le poète italien Filippo Tommaso Marinetti publiait un manifeste du futurisme dans *Le Figaro,* pour glorifier le bruit des automobiles par rapport au silence des campagnes. C'était pour lui le signe d'un immense progrès. Il écrivait même qu'« *une automobile rugissante* » est « *plus belle que la "Victoire de Samothrace"* ». Cela permet de prendre la mesure de ce bouleversement sonore, auquel nous nous sommes habitués. Aujourd'hui, il me semble que ce sont, paradoxalement, les moyens de transport silencieux, presque furtifs, qui se distinguent à nos oreilles.

À quels autres types de sons silencieux faites-vous référence?

Je pense à tous ces univers sonores radicalement différents, auxquels nous n'avions pas accès jusqu'à une époque récente. Prenons l'exemple du monde sous-marin. De nos jours, on peut en avoir une certaine expérience par des captations, des enregistrements, ce qui n'était pas le cas auparavant. Songez aux baleines dont les émissions sonores circulant sous l'eau sont saisissantes. Ces chants de baleines, qu'on nomme ainsi par projection anthropomorphique, sont incroyables : ils sont perçus par les cétacés à des milliers de kilomètres de leur point d'émission. Et nous aussi, maintenant, nous pouvons

“ Je suis frappé par les sons qui cherchent à se faire oublier. Comme le chuchotement des vélos dans le vrombissement général. ”

les « entendre ». Autrement dit, et pour répondre à votre question, si l'automobile et les bruits industriels en général restent d'énormes facteurs de pollution auditive, ils nous frappent d'autant plus que nos oreilles découvrent parallèlement de nouvelles strates, comme ce monde sous-marin peuplé d'infrasons par exemple.

Mais cet univers sonore, très différent du nôtre, subit des modifications considérables depuis quelques décennies, avec la multiplication des grands navires ou l'exploitation des fonds marins. D'autant que le réchauffement des océans change complètement la vitesse de propagation du son : plus l'eau est chaude, plus les ondes sonores circulent rapidement. Essayons d'imaginer qu'une baleine, à des centaines de kilomètres, entend des forages, des coques de paquebot qui grincent, et ce, désormais, avec un temps de transmission qui se réduit… Pour elle aussi, le monde sonore change !

« La pinède que j'avais l'habitude de traverser au milieu d'un chœur assourdissant d'insectes s'est soudain tue. »

Diriez-vous qu'il existe une concurrence sonore inédite entre les mondes naturels et urbains ?

Oui. Je l'ai ressenti une nuit de janvier 2023. Je rentrais chez moi vers 2 heures du matin. C'était une nuit très tiède pour une saison qui ne devait pas l'être. Et j'entendais des chants d'oiseaux comme on en entend à l'aube, en été. C'était une sorte de clash de temporalités, surprenant et inquiétant. Le chant des oiseaux sonnait comme le signal d'une saison qui venait en habiter une autre. Emboîtements, toujours…

À l'inverse, je me souviens de l'été dernier, en Sardaigne, où je passe souvent du temps. Habituellement, dans les pinèdes, on entend une véritable chorale de grillons. C'est magnifique, presque assourdissant. Or cet été-là, tout à coup, un silence total. La pinède que j'avais l'habitude de traverser au milieu de ce chœur d'insectes s'est soudain tue. Je n'en connaissais pas la cause exacte, mais je ne pouvais m'empêcher d'y percevoir une anticipation des modifications radicales du climat qui nous attendent. L'irruption dans notre paysage sonore de l'extinction de tant d'espèces, d'insectes notamment. Autrement dit, oui, il me semble qu'il existe sinon une concurrence, plutôt une coexistence sonore inédite entre les mondes naturels et urbains. Mais j'irais plus loin : ce que l'on entend, c'est peut-être le paysage sonore d'un monde à venir, qui est pourtant déjà là, en grande partie. À savoir, le monde que nous prépare le réchauffement climatique en cours.

Face à ce paysage sonore, sommes-nous des auditeurs passifs ? Et, si oui, comment retrouver ce que vous appelez notre « *souveraineté d'auditeurs* » ?

Nous avons beaucoup à apprendre en tant qu'auditeurs. Et la première chose, sans doute,

Autour du lac Santo, près de Parme, les bois de l'Apennin tosco-émilien sont une destination privilégiée pour ceux qui cherchent le calme.

c'est déjà de prendre conscience qu'écouter est un acte. Une performance. Écouter, cela produit des effets. Quand on écoute, on fait quelque chose, on intervient dans le monde.

Pourtant, la conception commune – ou naïve – de l'écoute serait plutôt une espèce de réception passive…

Ce n'est pas le cas. Et pour vous en donner un exemple frappant, on peut penser à un phénomène qui était très répandu au XIXe siècle dans les théâtres, les salles de concerts, à l'opéra. C'est ce qu'on appelait « la claque ». Les « claqueurs » étaient des auditeurs organisés, en groupes ou en factions. En tant que véritables sociétés d'auditeurs, ils applaudissaient, mais pas seulement : ils se mouchaient, toussaient, criaient, se livraient à toute une série de manifestations non verbales, gestuelles, de manière à assurer le succès ou l'échec d'une œuvre. Voilà un exemple très bruyant de ce que peuvent « faire » des auditeurs, dans une opération d'écoute collective. À l'opposé, si vous zoomez sur des détails sonores infimes de la vie quotidienne, notre conversation ici et maintenant par exemple, vous remarquerez des micro-équivalents de la claque, en version plus ou moins silencieuse : je vous écoute, je hoche la tête, je cligne des yeux ou les laisse grand ouverts, soupire, selon que vous dites quelque chose qui me fascine, m'insupporte ou me laisse indifférent. Toute cette corporéité visuelle ou auditive nous montre que l'écoute est en train de se produire. C'est comme une ponctuation intérieure : quand j'écoute, je pose des virgules, je souligne ou surligne. Comme j'annoterais la marge d'un livre. Au fond, c'est cela, écouter :

déposer des articulations muettes sur la bande-son du discours de l'autre ou sur le paysage sonore qui nous entoure. Écouter, c'est dès lors se charger d'une grande responsabilité.

Comment transformer l'écoute passive en acte souverain, très concrètement lorsque je suis dans la rue, sur les réseaux sociaux, dans la nature, en voyage ?

Il existe un véritable art de l'écoute. «*L'art d'écouter*» : c'est une très belle expression que j'ai trouvée chez Nietzsche, dans un fragment qui s'intitule «Conversation sur la musique». Il y introduit une idée, reprise plus tard notamment par le psychanalyste Theodor Reik, selon laquelle nous avons toujours plus de deux oreilles. Nous aurions tort d'y voir une fantaisie délirante – des extraterrestres avec trois oreilles – car il y a là une pensée vraiment importante.

Nous devrions donc développer une sorte de «*troisième oreille*», celle d'une écoute active ?

Je peux dire, schématiquement, qu'il y a d'abord des événements sonores qui arrivent à mes deux oreilles. Ensuite, mon attention auditive opère une sélection parmi eux, de manière plus ou moins consciente ou machinale. Mais, dans un troisième temps, je peux développer une conscience critique de ce que je sélectionne ainsi, et pourquoi je le fais. La voilà donc, la fameuse troisième oreille ! Un retour critique de l'écoute sur elle-même : je m'écoute écouter, en somme. Je m'interroge en écoutant : à quoi suis-je en train de prêter l'oreille, comme on dit, et surtout, qu'est-ce que je suis en train de ne pas entendre ? Nous avons beaucoup à apprendre, en tant qu'auditeurs, des psychanalystes. Ils ont une pratique de l'écoute que je trouve fascinante.

À la bibliothèque Palatine de Parme, le plus strict silence est de mise dans les espaces de consultation.

C'est ce que Freud appelait *« l'attention flottante »* : on laisse flotter son attention, on se laisse attirer par des détails qui, tout à coup, vont avoir un sens dans le flot de paroles du patient, des dizaines de patients que reçoit le praticien. Presque un exercice volontaire d'inattention, pour laisser surgir les choses.

Pouvez-vous donner un exemple ?

Pensons à tant d'exemples de discours politiques cherchant à véhiculer un message très clair, à focaliser l'attention sur un contenu précis. Mais l'écoute flottante – individuelle ou collective – pourra n'en retenir qu'un petit détail complètement inattendu. Celui-ci devient soudain immense et prend le pas sur le message. On voit sans cesse, sur les réseaux sociaux ou dans les médias, une *« petite phrase »* sortie de son contexte, d'un long discours. Ça peut être dévastateur, bien sûr. Mais ça peut être au contraire l'occasion d'une alerte : pourquoi cette *« petite phrase »* résonne-t-elle ? Pourquoi est-ce que nous la sélectionnons ? Ce pouvoir micropolitique de l'écoute, en somme, est une puissance de déstabilisation des discours. D'où la nécessité de le connaître et de l'apprivoiser. D'apprendre le « bien écouter ». Car il est aussi une manière d'entendre ce qui n'est pas dit explicitement, une façon de débusquer ce qui reste implicite.

« Développer la troisième oreille consiste à identifier ce à quoi on prête l'oreille, et surtout, ce que l'on est en train de ne pas entendre. »

Existerait-il une « malécoute » comme il existe une malbouffe ?

Oui, et on pourrait aussi parler de « mésécoute », comme il existe une mésentente entre deux personnes en désaccord. Quel que soit le nom qu'on leur donne, il y a des surdités flagrantes ! Si je prends l'exemple de l'actuel projet de loi sur les retraites [l'entretien est réalisé en mars 2023, ndlr], c'est un cas évident de surdité, je dirais même de surdité active. Travailler à ce point *à ne pas écouter,* ce serait presque fascinant si ce n'était pas si dramatique et révoltant.

Lutter contre la « mésécoute » ou la « malécoute », c'est, à l'inverse, travailler à rouvrir tout le spectre, infini et subtil, des possibilités d'écoute. Et pas seulement en théorie : si nous prenons conscience du fait que nous agissons toujours en écoutant, nous nous retrouvons à chaque instant avec une grande responsabilité en tant que sujets à et de l'écoute. C'est ce que nous évoquions précédemment avec la troisième oreille, celle qui nous pousse à nous écouter écouter. Celle qui nous conduit aussi vers une forme de disponibilité au monde sonore, où il y a de la place pour ce que j'appellerais la « distraction inventive » ou la « distraction active ». Afin de ne pas réduire l'écoute à un choix binaire, un tout ou rien qui écraserait nos oreilles pour réduire leur action à une alternative simpliste : j'entends / je n'entends pas.

> **On ne peut pas tout entendre. Cela nous condamne à choisir ce que l'on écoute. Et les implications de nos choix sont immenses !**

S'agit-il de retrouver une certaine humilité de l'auditeur, en quelque sorte ?

Oui, j'aime bien cette formulation. Pensez à tout le mal qu'on peut faire parfois en n'écoutant pas ! Si nous devons être responsables en tant que sujets écoutants, c'est justement parce que l'écoute est tragiquement finie, limitée, qu'on ne peut pas tout entendre. Cela nous condamne à choisir ce que l'on écoute. Et les implications de nos choix, sur le plan politique, social, écologique, sont immenses !

Revenons justement aux auditeurs que nous sommes et à cette reconquête du pouvoir de nos oreilles. Vous dites qu'il existe des droits de l'auditeur, à l'instar des « droits d'auteur ». Qu'est-ce que c'est ?

Vous aurez bien sûr remarqué qu'il y a souvent des avertissements sur les pochettes d'albums de rap, par exemple : « *explicit lyrics* », « *parental advisory* », etc., pour signaler des paroles que certains jugent choquantes. On peut y voir une revendication, avec laquelle on peut d'ailleurs être en désaccord, d'un certain droit de l'auditeur à être protégé contre ce qui serait susceptible de choquer. On le voit aussi beaucoup sur les campus des universités, aux États-Unis ou au Canada notamment, avec ce qu'on appelle les « *trigger warnings* ». Les étudiants s'attendent à ce que les professeurs leur disent : « *Attention, ce dont je vais vous parler risque de vous traumatiser.* » On peut en penser du bien, du mal, c'est une discussion importante et délicate, mais ce qui émerge là, c'est clairement une revendication d'un droit des auditeurs à ne pas entendre. C'est aussi le cas, d'une tout autre manière, dans beaucoup de législations, sur le plan strictement physiologique, par exemple : un certain niveau de décibels sera considéré comme dangereux pour la santé. Pensons aux bruits d'avion ou au volume de certains concerts… Il y a des sons et des intensités sonores qui créent des lésions irréversibles.

Que pense à ce sujet l'auteur de *Tubes, La philosophie dans le juke-box* de « Freed from Desire », ce hit des années 1990 de la chanteuse italienne Gala, devenu un hymne de l'équipe de France pendant la Coupe du monde de football au Qatar ?

Je ne sais pas si je dois vous remercier de m'avoir envoyé cette chanson pour préparer l'entretien *(rires)*, car je l'ai désormais dans l'oreille ! Et c'est justement là que réside le pouvoir des tubes : à un moment, ils surgissent, on ne sait pas bien pourquoi ni comment, et finissent par nous obséder toute la journée. Même si, musicalement, ils se ressemblent souvent beaucoup, même s'ils sont écoutés par des millions de gens, ils deviennent pour chacun une sorte d'hymne intime, porteur d'un sens et d'un attachement spécifiques. Si on suit Theodor Reik, ce psychanalyste qui a théorisé la troisième oreille, les « *mélodies obsédantes* » – ce qu'il appelle en anglais des

Des fêtards dansent pendant une soirée *« silent disco »* à Milan : tout le monde est équipé de casque et entend la même musique, ainsi fête et silence cohabitent.

« *haunting melodies* » – existent souvent sur le mode de l'irruption : elles surgissent d'un autre monde, d'une autre temporalité, celle de l'inconscient. Elles viennent nous dire quelque chose que l'on ne veut peut-être pas entendre, justement.

Mais que veulent-elles nous dire exactement ? Et que veut nous dire « Freed from Desire » en particulier ?

J'ai proposé l'hypothèse selon laquelle un tube se met généralement en scène : il raconte, ou joue en quelque sorte, le drame ou la comédie de son envolée en tant que chanson libérée de ce qui la retient prisonnière. C'est ce qui se passe dans « Freed from Desire », qui parle de son essor pour devenir musique pure, sans paroles, dans le refrain qui n'est composé que d'onomatopées (« *Na na na na* »). Avant ce refrain, les paroles disent, chantent la libération d'un amour épuré (« *My love has got no money [...] no power [...] no fame* », « Mon amour n'a pas de pouvoir, d'argent ou de célébrité »), d'un amour « libéré du désir », ainsi que l'exprime le titre. C'est ainsi que ce tube devient le vecteur d'une immense dénégation, comme s'il disait : « *Écoutez- moi, je vais vous faire oublier mes paroles, ce qu'elles racontent sur l'argent, le pouvoir, la merchandisation de la gloire qui habitent le foot, je vais vous emporter dans le pur chant festif d'un amour devenu pur de tout intérêt...* » C'est comme si la force de cet hymne tenait précisément à sa force d'oubli, au fait qu'il chante passionnément le contraire de ce qui règne dans le monde du foot, à savoir le fric, le pouvoir et la célébrité. Je ne sais pas si cette mélodie, lorsqu'elle devient obsédante, lèse les droits de l'auditeur *(sourires)*. Mais ce qui est sûr, c'est qu'il est passionnant de s'écouter l'écouter vraiment. XXI

COUVERTURE

Nicolas Galkowski

Sur cette couverture, j'ai voulu que les femmes d'exception de ce numéro dégagent une grande force, sans pour autant être écrasantes : on doit avoir envie d'aller à leur rencontre. Côté nuancier je me suis inspiré des couleurs de l'aube, pour habiller celles qui préparent le monde de demain.

Plantes à billets

Anaïs Renevier

Je suis à la fois journaliste et fleuriste. J'étais loin de m'imaginer qu'en me lançant sur les traces du géo, j'en viendrais à raconter une histoire de marchandisation et de mondialisation du végétal, des jungles sud-américaines aux marchés asiatiques en passant par les serres de Floride.

Marine Coutroutsios

Un sujet sur les plantes à illustrer ? C'était fait pour moi sans aucun doute ! J'adore dessiner la nature, sa richesse de formes, ses couleurs. Ici, j'ai beaucoup aimé composer l'image foisonnante d'ouverture, un chez-moi rêvé si seulement j'avais la main verte…

Le labo de Bonne-Espérance

Rozenn Le Saint

En pleine rédaction de mon livre *Chantage sur ordonnance, Comment les labos vident les caisses de la Sécu* (éd. Le Seuil, mars 2023), raconter cette histoire de rébellion qui vient d'Afrique et de l'industrie pharmaceutique elle-même, à contre-courant, m'a offert une bulle d'espoir inattendue, après sept ans d'enquête sur Big Pharma, notamment pour *Mediapart*.

Nicolas Zouliamis

Au-delà du carrelage immaculé et des blouses blanches, l'activité d'un labo pharmaceutique se situe à une échelle qui échappe à notre œil. Or à lire l'article, c'est le contraste entre techniques de pointe et moyens pour les mettre en œuvre qui frappe. Fabriquer des vaccins dernier cri au milieu d'un bidonville, et combattre les géants du secteur avec des bouts de ficelle sont des défis incroyables, mais aussi une véritable aubaine pour un illustrateur !

Et Nollywood créa la femme puissante

Jenna Le Bras et François Hume-Ferkatadji

Ces femmes sont riches, célèbres et tiennent dans leur poing fermé une industrie mondialement convoitée : celle du cinéma nigérian. Nous étions partis pour raconter une *success story*, nous sommes revenus avec une histoire beaucoup moins sexy : celle d'une lutte de pouvoir acharnée, d'un classisme exacerbé, d'un patriarcat enraciné. Du *soap opera* pour de vrai !

Rocco

Les papiers que j'ai illustrés pour *XXI* m'ont toujours révélé des mondes que je ne connaissais pas. Celui-ci ne déroge pas à la règle. Ce qui me permet de les aborder avec une certaine candeur. C'est aussi l'occasion d'essayer des solutions graphiques inédites.

PORTFOLIO

Revoir dehors

Axelle de Russé

En rencontrant ces femmes, j'ai été frappée par leur angoisse de la sortie. Comment la liberté peut-elle être plus effrayante que l'enfermement ? C'est le point de départ du projet *Dehors*. En suivant quelques détenues au moment de leur libération, j'ai voulu montrer le long chemin de la réinsertion, et la difficulté à se réadapter à une société dont elles ne font plus partie.

Semis liberté

Catherine de Coppet

La ferme de Baudonne offre une fenêtre particulière et précieuse sur ce que la détention fait aux corps et aux âmes, et sur la place des femmes dans notre société. Il m'a semblé que ce lieu exerçait sur tous une certaine fascination, comme un attachement, notamment parce qu'il fourmille d'histoires, en attente d'être racontées.

Jeanne Macaigne

En sortant de prison, j'ai pensé que l'on pouvait être l'ombre de soi-même. Comment retrouver son éclat, sa place dans la société ? J'ai dessiné une silhouette jaune presque transparente au premier plan, et au fond la ferme. Les couleurs du petit matin expriment l'espoir des lendemains nouveaux.

Au nom de la mère

Marion Rousset

En 1983, quand Michèle Carricaburu est tuée par son mari, on ne parle pas encore de « féminicide ». L'irruption du mot dans l'espace public m'a aidée à écrire ce témoignage, en faisant du drame vécu par mon compagnon, son fils, une expérience partagée et partageable.

Maxime Sudol

Plusieurs dimensions sont abordées dans ce récit, cela n'a pas été évident en matière de direction graphique. J'en ai donc profité pour travailler la couleur différemment, en m'extrayant des détails. Cette histoire n'est pas terminée : il y a encore de l'avenir à imaginer pour cette famille.

LA VOIX EST LIBRE

« Sa thérapie, c'était le kebab »

Ramsès Kefi

Souvent, les propriétaires de kebabs maudissent les reportages télévisés qui les font passer pour des cantines à ogres. Et pour des temples du gras. À Lille, j'ai rencontré, il y a quelques années, un homme dont la famille en possède plusieurs. *« Je peux vous raconter notre histoire, qui est différente du cliché »,* m'a-t-il malicieusement souri. Allez…

Adeline Schöne

J'ai répété le même cadre pour les deux dessins car il y a une résonance entre l'histoire du père et celle du fils. Je me suis inspirée des emballages très colorés des produits des épiceries orientales. L'histoire d'Olgun me ramène à mon enfance : mon père était tunisien, il avait ouvert un restaurant en France dans les années 1980, comme beaucoup de ses amis, et on passait nos week-ends dans les établissements familiaux des uns et des autres.

Cahier d'un retour au pays maya

Julien Iladoy

Je savais que *XXI* voulait se pencher sur les 30 ans du soulèvement zapatiste. Quelle meilleure excuse pour retourner voir mon ami mexicain ? À la faveur d'une correspondance de train, un dimanche soir, sans livre ni wi-fi, je me suis lancé : moi le paysan, j'ai accepté d'écrire un long article sur mon retour au pays maya pour la revue.

Christophe Merlin

Dans mon travail d'illustrateur, au-delà de mes options graphiques, j'aime être fidèle au décor, à la manière d'un documentaliste naturaliste. Cette balade mexicaine m'a replongé dans l'époque où je voyageais beaucoup pour dessiner, un peu partout « en présentiel ».

BANDE DESSINÉE

La guerre des puces aura bien lieu

Nicolas Vescovacci

Les microprocesseurs ne sont pas ma tasse de thé. Si je me suis intéressé à cette industrie stratégique en 2023, c'est parce qu'en 2003, j'ai documenté la délocalisation d'une usine française vers Singapour. Vingt ans après, la pandémie de Covid-19 a tout changé. Et la mondialisation ne fait plus rêver.

Samuel Figuière

Collaborer avec le journaliste Nicolas Vescovacci fut l'occasion de découvrir les coulisses d'une technologie de pointe qui conditionne notre quotidien. Mais ce qui m'a surtout marqué, c'est l'implication majeure des microprocesseurs dans l'économie et la géopolitique, françaises et internationales.

RENCONTRE

« Nous avons toujours plus de deux oreilles »

Emmanuel Poncet

C'est en étudiant les pouvoirs de la musique sur notre psyché pour mon livre *Éloge des tubes, de Maurice Ravel à David Guetta* (éd. NiL, 2012) que j'ai découvert l'œuvre singulière du philosophe et musicologue Peter Szendy. Ainsi est née l'idée de l'embarquer, et les lecteurs et lectrices de *XXI* avec, dans un voyage-conversation à l'écoute des bruits du monde.

Olivier Dangla

Avant de commencer son portrait, je connaissais bien moins les traits du visage de Peter Szendy que les intonations douces et posées de sa voix radiophonique. Après quelques recherches, j'ai remarqué ses écharpes aux mille plis, son sourire, son regard. Parfois les voix sont fidèles aux visages… et il parle si bien d'elles.

HORS-D'ŒUVRE

La main dans le plat

TOUS LES TROIS MOIS, UN AUTEUR OU UNE AUTRICE PASSE EN CUISINE POUR ÉVOQUER UN METS AU CŒUR DE SON ŒUVRE. LA POÉTESSE JAPONAISE RYOKO SEKIGUCHI, QUI VIT EN FRANCE, PARTAGE DANS *961 HEURES À BEYROUTH* L'ÉMOTION DU *VOSPOV KEUFTE,* UNE RECETTE DÉCOUVERTE DANS LA CAPITALE LIBANAISE.

Ingrédients pour 6 personnes :

1 mug de lentilles corail rincées à l'eau

½ mug de boulgour fin

1 c. c. de sel

½ c. c. de mélange 5 épices, ½ c. c. de poivre noir, 1 c. c. de poudre de piment rouge

1 ½ gros oignon, finement émincé

½ mug d'huile de tournesol

Pour la garniture : un mélange composé de ½ oignon blanc et ½ poivron rouge finement émincés, et 3 c. c. de persil frais haché

Porter les lentilles à ébullition dans une poêle à larges bords avec 2 tasses ½ d'eau. Enlever l'écume à la surface, couvrir et baisser le feu. Laisser mijoter 30 min. Assaisonner et laisser encore mijoter 30 min. Les lentilles doivent être moelleuses. Ajouter le boulgour, couvrir et laisser reposer hors du feu 15 min.

Faire une boule de cette pâte, et réserver.

Faire brunir dans l'huile l'oignon émincé. Hors du feu, ajouter les épices et le demi-oignon émincé cru, puis agglomérer ce mélange à la pâte lentilles-boulgour.

Mouiller les mains et façonner des « boulettes » en gardant la trace des phalanges. Parsemer de garniture. Servir avec une sauce tomate maison.

« C'*est un plat au goût tout simple, très légèrement épicé. On sent surtout le pois chiche, comme dans du houmous, mais en moins gras.* » Si elle ne devait retenir qu'un mets du Liban, ce serait le *vospov keufte,* sorte de bouchée végétarienne à base de légumineuses. L'écrivaine japonaise, connue pour son art de mêler cuisine et littérature, a profité d'une résidence d'écriture en 2018 pour mener une enquête culinaire sur le rapport des Libanais à la nourriture. Ce qui l'a conduite à goûter 321 plats durant les 961 heures qu'elle a passées à Beyrouth. Elle a compté. Au point d'en faire le titre de son livre « *en forme de mezze, à picorer* », glisse l'autrice, silhouette filiforme impeccable dans sa robe estivale.

Ryoko Sekiguchi n'est toujours pas revenue de l'émotion suscitée par ces boulettes à la forme ondulée, née de la pression de la main du cuisinier. « *Ce qui me touche, c'est la trace directe, visible, de celui ou de celle qui les ont concoctées. C'est une sorte de signature, qui évoque le plaisir presque jouissif de toucher les ingrédients à mains nues.* » Cette révélation s'est imposée quand l'enquêtrice a demandé à la patronne du restaurant ses secrets de fabrication. « *J'ai été bouleversée par ce geste qui dit "vous m'acceptez ?"* », s'enthousiasme-t-elle en serrant le poing puis le rouvrant, paume vers le ciel, en forme d'invitation. Elle reconnaît néanmoins que l'aspect « *archaïque* » de ces bouchées de lentilles peut justement en rebuter certains, encore plus après l'épidémie de Covid-19. « *Il ne s'agit pas seulement d'hygiène, j'ai l'impression qu'on accepte moins les autres aujourd'hui. Moi-même j'ai perdu l'habitude d'inviter les gens à manger chez moi, je n'ose plus !* »

C'est en partant à la recherche des cuisines des immigrés de la capitale libanaise que Ryoko Sekiguchi est arrivée au *vospov keufte,* au détour d'un déjeuner dans un restaurant arménien. « *Il ne faut pas penser une ville comme un espace uniformisé : m'intéresser à la cuisine étrangère est ma manière de voir comment la ville est faite. C'est un bon indicateur de ce qui y est accepté ou non* », commente la Japonaise qui a posé ses valises à Paris il y a plus de trente ans. « *La cuisine arménienne fait partie du paysage beyrouthin, contrairement aux cuisines syrienne*

RYOKO SEKIGUCHI

ou sri-lankaise par exemple, alors qu'on croise Sri-Lankais et Syriens à Beyrouth.» Un rapport à l'autre qu'elle tâche de décrypter au fil des plats dans son livre, paru aux éditions P.O.L en 2021.

Petite, au Japon, Ryoko Sekiguchi passait son temps libre dans l'école de cuisine dirigée par sa mère, et destinée aux femmes avant le mariage. «*Elle avait gagné son indépendance financière en travaillant mais, paradoxalement, dans un domaine associé aux tâches ménagères imposées aux femmes,* confie l'écrivaine. *En revanche, à la maison je n'entrais pas dans sa cuisine, je n'aimais pas ça. Ma mère ne m'a rien transmis directement.»* C'est en arrivant en France que la jeune femme a compris qu'elle savait cuisiner, dans la kitchenette de son studio de 18 m². «*Ma première cuisine à moi, comme on a "une chambre à soi"!*» Au gré de ses lectures, Ryoko Sekiguchi est passée maîtresse dans l'art de préparer des plats du monde entier, mais c'est le *vospov keufte* qui a ravivé un geste oublié de cette enfance japonaise. Celui du façonnage des *omusubi* (appelés aussi *onigiri*), boules de riz fourrées, de forme ronde ou triangulaire. «*C'est le plat que toutes les mères japonaises font, avec des variations infinies. On a coutume de dire que les omusubi de la mère du voisin sont toujours moins bons que ceux de la sienne!*» Celle qui voit des messages dans les assiettes, au point de se dire «*animiste avec les plats*», regrette que de plus en plus de Japonais utilisent un ustensile pour les confectionner. «*Ce n'est pas qu'une question de principe, la pression de la main permet de mieux faire adhérer le riz, ce qui a une conséquence sur le goût!*»

Depuis son séjour d'écriture à Beyrouth, la ville a connu la révolution de 2019, et l'explosion de son port en août 2020, événements qui ont donné à l'enquête culinaire de Ryoko Sekiguchi un goût «*d'avant*». En 2022, l'autrice est retournée dans la capitale libanaise, et a cherché le restaurant arménien. «*J'avais entendu dire qu'il avait été démoli, je l'ai retrouvé à l'identique, ou presque!*» La patronne, toujours là, lui a raconté les blessés, les morts, son établissement en ruine, la reconstruction. «*Une partie de moi, de mon corps a assimilé ce vospov keufte et son histoire. Je suis revenue avec à Paris.*» XXI

CATHERINE DE COPPET

VIEILLES BRANCHES

« Même moche, je l'aimerais »

UN HOMME, UN ARBRE. VOILÀ PLUS DE QUARANTE ANS QUE JEAN-FRANÇOIS MANIER A CRÉÉ UNE MAISON D'ÉDITION DÉDIÉE À LA POÉSIE, DANS UN LIEU PERDU SUR LE PLATEAU VIVARAIS-LIGNON. UNE AVENTURE QUI A BÉNÉFICIÉ DU COMPAGNONNAGE, FIDÈLE, D'UN CHÊNE PERSÉVÉRANT.

Il est particulièrement beau à l'automne. Il devient très roux. Depuis la fenêtre de mon bureau qui donne sur sa canopée, je me délecte de la vue de ses feuilles. Et du bruit qu'elles font. À mille mètres d'altitude, il y a très régulièrement du vent sur notre plateau. Cette conjugaison, de légèreté des feuilles qui bruissent et de résistance des racines, me touche. Même s'il était moche, j'aimerais ce chêne du Canada, tellement je suis attaché à l'histoire qu'il porte, celle de mon implantation ici, dans ce hameau à quelques kilomètres du Chambon-sur-Lignon, entre Haute-Loire et Ardèche. Un pays rude, où les hivers peuvent durer six mois. J'y ai posé mes valises en 1978, avec Martine Mellinette, mon épouse à l'époque.

Apprentis typographes de 25 ans, nous avions comme projet fou de monter une maison d'édition de poésie contemporaine, en imprimant nos propres livres. Nous cherchions un lieu dans cette région, et nous l'avons trouvé grâce à Raymond Vincent, alors maire du Chambon, qui nous a parlé d'une ancienne école *« dans la cambrousse »*, abandonnée, sans eau ni route goudronnée pour y accéder. Quand nous l'avons vue en haut d'une butte sortir du brouillard, immédiatement nous l'avons reconnue : notre maison. J'ai toujours la plaque de métal qui était accrochée au trousseau de clés, avec l'inscription « école de Cheyne ». Un nom d'arbre pour enraciner notre projet…

La mairie, propriétaire, nous a proposé un arrangement, et nous nous sommes installés bon an mal an dans cette bâtisse, bordée d'un pré, d'une forêt de sapins, et devant laquelle poussaient un marronnier et un merisier. Ce dernier étant en fin de vie, on l'a fait abattre. À sa place, nous avons planté un chêne, à cause du nom du lieu – même s'il n'est pas attesté qu'il vient de là, l'espèce étant rare dans cette montagne. Je me souviens du jour où le pépiniériste nous l'a livré : c'était une petite chose décharnée, le tronc était tout maigrelet ! Il représentait un investissement, comme nos premières machines. À l'époque, c'était l'imprimerie courante qui nous faisait vivre – les gens allaient chez l'imprimeur comme ils allaient chez le boucher, qui pour un faire-part, qui pour un carton d'invitation – et nous bossions comme des dingues.

Au fil des années, le chêne est devenu l'arbre-totem de la maison d'édition, Cheyne éditeur, qui elle aussi a prospéré, puis des Lectures sous l'arbre, le festival littéraire que nous avons lancé il y a plus de trente ans et qui accueille désormais 6 000 personnes chaque année, et enfin du restaurant-librairie, L'Arbre vagabond, que j'ai ouvert avec mon fils cuisinier en 2014 après le déménagement de l'imprimerie. L'été, les gens s'abritent volontiers sous le chêne malgré ses racines qui ont soulevé la terre, les familles aiment allonger leur bébé à l'ombre à son pied. J'ai fini par écrire sur lui, dans un recueil de textes, *Quatre arbres*, illustrés par les fusains d'Alexandre Hollan, un artiste français de 90 ans, qui a passé sa vie à dessiner des canopées. J'y décris mon chêne comme mon grand frère, celui que je n'ai jamais eu dans la vie. XXI

PROPOS RECUEILLIS PAR CATHERINE DE COPPET
ILLUSTRATION LÉA TAILLEFERT